AMPLITUDE

VOLUME ÚNICO

Coordenadora editorial: Tânia Lins
Coordenador de comunicação: Marcio Lipari
Capa, projeto gráfico e diagramação: Equipe Vida & Consciência
Preparação e revisão: Equipe Vida & Consciência

1ª edição — 1ª impressão
1.500 exemplares — maio 2025
Tiragem total: 1.500 exemplares

CIP-BRASIL — CATALOGAÇÃO NA PUBLICAÇÃO
(SINDICATO NACIONAL DOS EDITORES DE LIVROS, RJ)

G232a

Gasparetto, Luiz
Amplitude / Luiz Gasparetto. - 1. ed. - São Paulo : Vida & Consciência, 2025.
224 p. ; 21 cm.

ISBN 978-85-7722-686-3

1. Motivação (Psicologia). 2. Autoconsciência.
3. Autorrealização. 4. Desenvolvimento pessoal. I. Título.

CDD: 158.1
25-97387.0 CDU: 159.923.2

Este livro adota as regras do novo acordo ortográfico (2009).

Vida & Consciência Editora e Distribuidora Ltda.
Rua das Oiticicas, 75 — São Paulo — SP — Brasil
CEP 04346-090
editora@vidaeconsciencia.com.br
www.vidaeconsciencia.com.br

AMPLITUDE

GASPARETTO

VOLUME ÚNICO

GASPARETTO

APRESENTAÇÃO

A busca pelo autoconhecimento é um dos caminhos mais enriquecedores que um indivíduo pode trilhar. É exatamente essa jornada que o terapeuta metafísico Luiz Gasparetto propõe na obra *Amplitude*. Inicialmente publicada como uma coleção de quatro volumes, a coletânea ganha agora uma edição única, com capa e projeto gráfico revitalizados.

Partindo da premissa de que "Conhecer-se é ampliar-se", Gasparetto conduz um diálogo objetivo, oferecendo ao leitor ferramentas para que ele se compreenda melhor e possa explorar as múltiplas possibilidades que a vida lhe apresenta.

Cada um dos capítulos que compõem esta obra aborda um aspecto essencial para nosso desenvolvimento pessoal:

Você está onde se põe: um convite à reflexão sobre a relação do indivíduo consigo e com os outros. A autoestima, as escolhas pessoais e a clareza mental na conquista dos objetivos são questões centrais tratadas no capítulo.

Você é seu carro: uma abordagem inovadora que relaciona o corpo humano ao funcionamento de um automóvel. Gasparetto elabora um glossário automotivo metafísico, auxiliando o leitor a entender como problemas mecânicos podem representar metaforicamente padrões emocionais e comportamentais.

A vida lhe trata como você se trata: através de conceitos da Psicologia e da Metafísica, o autor mostra como pensamentos e crenças individuais influenciam diretamente o destino do indivíduo, proporcionando uma oportunidade de transformação pessoal e empoderamento.

A coragem de se ver: apresenta técnicas de autoanálise e explica como o mundo exterior reflete e impacta nosso mundo interior. Ao compreender essa dinâmica, o indivíduo desenvolverá seu senso prático, melhorando sua vida e suas relações interpessoais.

Reunidos em um único volume, esses ensinamentos estão ainda mais acessíveis, proporcionando uma experiência profunda e transformadora e fazendo de *Amplitude* um convite à expansão da consciência e à redescoberta do potencial que existe em cada um de nós.

UM

Você está onde se põe...

Como é a sua vida?

Quero dizer, que coisas você atraiu para você? Ou como é o cenário em que você vive? É triste ou alegre, próspero ou mesquinho, abundante ou cheio de faltas? Tem amor suficiente? Tem oportunidades e facilidades de sobra?

Seja lá como for, foi você quem se colocou aí!

Você acredita nisso?

Pensando no que eu disse, você tem dois caminhos.

Um é continuar pensando como vítima azarada, cheio de revolta ou desânimo, conformismo ou inveja. É o mesmo que continuar a fazer o jogo do "coitadinho". E há aqueles que adoram intelectualizar seus dramas e partem para um discurso comunista, ou seja, tirar de quem tem para dar aos pobres, ou ainda um discurso socialista paternalista do tipo "quem tem deve sustentar quem não tem".

Essa é a política da pobreza.

Quem se põe na pobreza fica pobre.

Se você pensa assim, é melhor largar este livro, pois ele só vai irritá-lo e não servirá para nada.

Você não está preparado para ele.

O outro caminho é pensar que você está onde se colocou e tratar de mudar se as coisas estão ruins ou conservar o que está bom.

Se você já viveu o suficiente como vítima e se cansou e já começou a perceber que temos mais poderes do que pensávamos para fazer as coisas acontecerem, então este livro vai lhe fazer muito bem.

Entre o velho e o novo caminho, existe uma escolha muito importante a ser feita. Talvez a escolha mais importante de nossas vidas:

"Eu me deixo arrastar pela vida ou eu me levo na vida?"

Qual caminho você quer tomar?

De qualquer maneira, um deles você já tomou.

Consciente ou inconsciente de suas consequências, você já vive de suas escolhas passadas.

O que importa é o poder do agora.

Agora você sempre pode escolher de novo.

Então, o que vai ser?

Você está onde se colocou, ou ainda quer jogar o jogo da vítima?

Se você tem dificuldades de escolher, então analise:

Quem você pensa que é?

O que acha que merece?

Até onde você acha que tem o direito de ir?

Não, eu não perguntei o que você sonha em ser, ou o que você gostaria de ser. Eu perguntei o que você sente que é para você.

Comece a analisar a sua vida.

Se aquilo que queria e vem trabalhando para acontecer ainda não aconteceu, provavelmente você é daqueles que gostam de se pôr no fim da fila para parecer modesto e falsamente humilde. Do tipo "eu me contento com pouco" ou "faço o bem para todos em primeiro lugar e, depois, se sobrar tempo, faço algo para mim". Ou você pode ser do tipo cristão radical: "eu vivo para o bem dos outros e me sacrifico pela glória de Deus".

Pois é, Deus levou toda a glória e você está na pior!

Você só está onde se colocou.

A vida o trata como você se trata.

Os outros o tratam como você se trata.

Essa é a lei.

Deus não tem nada com isso. Ele nos deu o poder de escolher e, com isso, experimentar o sabor das consequências. Nesse caso, você é a lei, o juiz e o réu de seu próprio tribunal.

No entanto, você pode ser do tipo que gosta de explicações sofisticadas e místicas das quais não tem provas concretas, tais como: tudo é mistério de Deus ou é o seu carma (você foi muito ruim nas vidas passadas e agora deve pagar por isso). Ou talvez seu caso seja o dos que pensam que tudo é por conta de um azar fatal, ou alguém que fez macumba para você, afinal de contas, a inveja pega, não é?

Não é, não. Você é a lei.

Se somos a lei, estamos onde nos colocamos. E se isso é verdade, quando eu mudo o meu modo de me colocar na vida, tudo deve mudar comigo.

Se é verdade, a lei pode ser experimentada por todos que tentarem.

Você quer tentar provar o poder que a vida lhe deu ou quer só duvidar e não testar nada?

As pessoas fantasiam, os religiosos fantasiam, os espíritos fantasiam, pois o que é simplesmente é; e o que não é não é. Todo o resto é papo-furado.

Eu não creio em nada sem provas, e você?

É surpreendente como nos inferiorizamos, nos limitamos e gastamos horas criando explicações filosóficas complicadas na esperança de nos justificarmos.

Estudando isso, eu encontrei nas pessoas aquela criança mimada e humilhada que não quer perdoar pelo fato de os outros não a terem tratado como ela imaginava que deveria ser tratada — como uma rainha, é claro. Ela se ofendeu e jurou vingança. Ao se machucar, quer sempre punir quem a ofendeu. Os pais são os adversários prediletos. Magoados, nós não queremos mais viver ou cooperar com a vida. Queremos apenas nos vingar. Nossas promessas, nessas circunstâncias, ecoam em nossa mente até hoje, impondo uma fidelidade absoluta à criança ferida.

Será esse o motivo de você ser tão resistente até hoje?

Não acredito que você concorde. Ninguém o faz. Todos gostam de esconder essas coisas de si mesmos.

No entanto, a religião adora tirar partido disso. Religiões são instituições políticas que querem manter o seu poder e a sua popularidade. Nunca vi em nenhuma delas qualquer pensamento que nos elevasse realmente e nos desse poder sobre nossos atos.

Todas dizem que há um Senhor ao qual devemos tudo, e que precisamos nos sacrificar de alguma forma para chegar até os favores Dele.

Sempre separando eu e Ele.

Sempre eu menor e Ele maior.

Escreve-se sempre “Ele” com maiúscula e “eu” com minúscula.

Jesus tentou dizer que Eu e o Pai éramos um, mas parece que ninguém ouviu.

Parece que as pessoas gostam de viver ajoelhadas, humilhando-se em troca de favores celestiais.

Cada um que faça o que bem entende e que durma na cama que arrumou.

Pois cada um é livre para crer no que quiser.

Minha vida é minha e a sua é sua. Nada pode mudar isso.

Só nós temos o poder de decidir o que pensar e onde nos colocarmos. Se não agimos assim, deixamos os outros nos dizerem o que somos e o que devemos pensar. Sempre nos submetemos a isso, portanto, nós é que pagaremos as contas.

Eu me ponho onde eu quero e você se põe onde bem entender. Querendo ou não, eu recebo as consequências do que eu fiz e você do que fez. Eu durmo na minha cama e você na sua. Eis a lei da justiça universal.

Eu gosto de riqueza, arte, beleza. Gosto de abundância, dinheiro, bons amigos, gente interessante, alegre, com bom humor. Admiro gente de bom senso, ousada, original e positiva. Gosto da criatividade prática, da ternura, e só valorizo o que vem fácil.

Gosto e cultivo.

E você, o que cultiva?

Quando eu vejo um belo carro ou alguém com uma roupa elegante, eu logo associo esses itens comigo. Como se eles fossem naturalmente feitos para mim. Eu não desejo o carro ou a roupa ou penso que seria maravilhoso se eu tivesse um ou outro. Eu simplesmente identifico-me com a coisa e exclamo: isso é bem eu!

E você, o que pensa nessas horas?

Quando eu visito um prédio de arquitetura elegante, eu logo digo: isso é bem eu!

Se vejo uma vitrine de antiquário expondo peças requintadas, eu digo: isso é bem eu!

Se vejo uma pessoa alegre, eu logo me identifico e sorrio na sequência.

Se alguém ganha um prêmio, eu me premio junto.

Se alguém é elogiado, eu fico feliz da sua felicidade.

Se alguém tem sucesso, eu me ilumino com o seu brilho.

Se alguém se compraz com algo bom, eu sinto seu gosto.

Se ela exibe uma inteligência genial, eu me sinto como ela.

Se alguém se cura, eu me curo junto.

Se alguém é belo, eu sinto uma natural extensão da sua beleza.

Onde quer que o bem se manifeste, eu me identifico naturalmente com ele.

Eu me ponho na posição de que nasci para o melhor.

E você, para o que acha que nasceu?

Com o que você se identifica?

Eu não fui sempre assim. Antes, eu aprendi que fazer isso era feio e se chamava pretensão. E, se eu insistisse, seria punido pela vida. Mas por que os outros podiam ter e eu não?

As pessoas estão cheias de falsos valores.

Algo em mim dizia que eu tinha os mesmos direitos que os outros e que essa teoria de pretensão não passava de um mal-entendido sobre a verdadeira humildade. Há muitos ricos e cultos que são pessoas humildes e naturalmente agradáveis. E eu resolvi me identificar com eles.

E você, com quem escolheu se identificar?

Quando eu via as pessoas cultas falando em outros idiomas, eu me identificava com elas e sabia que seria fatal eu aprender outras línguas. Hoje eu falo cinco.

Pretender é ficar só no “queria” e nada fazer. Identificar-se é assumir realmente que algo é para si e trabalhar por isso até se concretizar.

Para o pretensioso, escutar-me dizendo que falo cinco línguas é ofensivo e sinal de arrogância. Ele logo diria: metido esse Gasparetto...

Ele é que é o metido, que sempre pretende e não assume a responsabilidade sobre suas vontades.

Quem acusa se confessa.

O mundo é um mercado riquíssimo de ofertas. Há de tudo para a gente se identificar. Você é livre para escolher e escolher novamente o quanto quiser.

Então, tome consciência das escolhas que você já fez e, se elas são pobres, largue os seus preconceitos e refaça-as.

Escolha o melhor e se coloque no melhor. Imediatamente, a vida iniciará o processo de criar situações que transformarão o cenário de sua vida para expressar o cenário interno que você criou para si.

Tudo que está por fora expressa o que existe por dentro.

Dizer que você é maravilhoso enquanto sua vida é péssima só convence a você mesmo...

Dizer que você é bondoso enquanto cenários calamitosos se formam ao seu redor é se enganar e perecer na dor.

Assim, nada neste mundo parece ser difícil. Somos nós que nos identificamos com os dificultosos...

Falando nisso, como eram os seus pais? Costumamos nos espelhar neles.

Os complicados gostam de se passar por heróis. Exibem as suas dificuldades na vida como se fossem medalhas, fazendo a vida parecer uma grande luta. E até desenvolvem um medo de pensar o contrário a pretexto de ser inconsequentes e irresponsáveis, o que geraria muito sofrimento no futuro. Eles são os gladiadores do dia a dia. Preocupados, agitados, estafados, carrancudos, envelhecidos precocemente e cheios de discursos mórbidos e pessimistas.

Eles se puseram como adversários da vida.

E a vida só produz adversidade para eles.

Eles estão onde se colocaram, é só isso.

E há aqueles que são leves e acreditam que para tudo tem um jeito. São flexíveis e versáteis.

Acreditam que responsabilidade é uma necessidade natural da consciência. Fazem tudo com amor e prazer, capricho e ordem. A vida não é luta, e sim aventura. É um jogo cujas regras se aprende jogando. Eles são os milionários do espírito.

Eu fiz essa opção. Libertei-me da ideia de que dramatização — ou seja, exagerar — é sinal de sensibilidade afetiva.

Equilíbrio e drama são antônimos.

Eu preferi a criatividade, a diversão e a liberdade.

E você, o que prefere?

Rousseau disse: onde se põe uma cerca, faz-se uma guerra.

Eu acredito nisso. Eu decidi que não sou brasileiro, ou de qualquer outra nacionalidade, nem homem, mulher ou gay, ou isto ou aquilo. Muito pelo contrário. Eu prefiro ser só eu. Um ser humano na viagem da vida física, livre o suficiente para me identificar com o que é bom sempre que sentir que me é conveniente.

Conveniente é uma palavra maravilhosa. Quer dizer que tudo está ao nosso favor.

Eu decidi que não devo nada a ninguém, a menos que estejamos fazendo um negócio e os termos prometidos sejam bem esclarecidos antes de firmar um contrato.

Assim eu me dou a liberdade de não ter religião e criar uma para mim.

Eu me dou o direito de não ter partido político e criar minha própria política de ação social.

Eu me dou espaço para não pertencer a nenhuma escola filosófica e criar minha filosofia de valores, pelos quais faço minha ética centrada na minha vivência.

A todo direito que se dá a si mesmo, assume-se automaticamente a responsabilidade das possíveis consequências.

É bom ser livre para só aceitar as regras que são criadas inteligentemente para facilitar a vida ou estabelecer a igualdade de valor e a ordem funcional das coisas.

Somos livres para discernir entre as escolhas, mas prisioneiros das consequências de nossas decisões.

Na verdade, eu preferi estar fora de todos os rótulos.

Eu estou na minha.

Eu estou em mim.

"Mim" é um lugar de existência.

No "mim" eu estarei para sempre, e ninguém pode ocupar jamais esse espaço, só eu.

No "mim", eu e Deus somos um.

Aqui no "mim" só o melhor é viável, e o bem absoluto é real.

E eu estou aqui porque quis, só porque eu quis!

E você, onde está? Como é o lugar onde se colocou?

Infelizmente tem gente que não controla a própria imaginação. Adora inventar sem procurar ter senso das coisas.

Não que eu tenha algo contra pessoas imaginativas quando elas têm o pé no chão e fazem coisas maravilhosas de verdade com elas.

Mas quando elas inventam algo sem senso, criam ilusões.

Elas inventam como deveriam ser as pessoas, a sociedade, Deus e até elas mesmas. Depois dizem que não estão inventando, que tudo isso deveria ser a verdade.

Inventam como deveriam ser os pais, os familiares e seus amigos. Inventam os personagens com papéis para desempenhar na vida e passam o resto da vida representando.

Elas criam roteiros imaginários para a felicidade e depois se condicionam a só serem felizes se essas coisas acontecerem.

Quem alimenta ilusões sofre as desilusões.

Repare que, sempre que usamos o verbo "dever" na condicional ("deveria"), estamos alimentando ilusões e colhendo desencantos.

Se eu pudesse, riscaria esse verbo do dicionário.

Muitos não sabem que tudo é possível, mas temos que aprender a fazer as coisas acontecerem.

Os arrogantes não querem saber de nada. Inventam como as coisas deveriam ser segundo sua pálida visão da vida e depois ficam forçando as coisas.

Criaram com isso o criticismo, a revolta, o trauma, o orgulho ferido, o ressentimento, a humilhação, a culpa, o medo de viver, a vergonha, as faltas, a ansiedade, a angústia, os complexos de inferioridade, raiva, desgosto, vitimismo etc.

Estão sempre dispostos a não aceitar a realidade ou tê-la como negativa.

Eles são ingênuos e usam o termo "deveria" como se tivesse a capacidade mágica de fazer as ideias mais mirabolantes se tornarem reais.

Quando a realidade aparece, eles se decepcionam, se magoam e se fecham para a vida.

Ao se fecharem, não percebem que estão se pondo de lado, e logo o cenário deles se torna marginal.

Os arrogantes se acham no direito de rejeitar tudo que não está de acordo com suas fantasias, e por isso a vida os rejeita.

Será que esse não é de alguma forma o seu caso?

Você não se aceita e se rejeita porque não é como sua imaginação queria?

É muito difícil a gente aceitar isso. Porém, se você se sente rejeitado pelos outros ou as boas oportunidades vivem escapando de seu cotidiano, o seu caso é arrogância.

Lembre-se: você está onde se pôs.

Os arrogantes acumulam decepções e começam a morrer.

Todas as mortes por doença são opcionais. Não que nos deixemos ficar conscientes disso. Para a nossa sociedade, isso é considerado covardia ou suicídio e é altamente proibido.

No entanto, as pessoas desiludidas optam por desistir. É quando o sistema imunológico se enfraquece e a saúde se degenera. E como a doença é tida como algo ocasional da qual somos vítimas inocentes, essas pessoas se sentem protegidas da culpa e, tempos depois, desencarnam.

A desilusão é a causa de todas as mortes por doença. Mesmo no caso de fetos ou bebês.

Doença não é natural.

Morte por doença é suicídio disfarçado.

Mesmo depois de morta, a pessoa continua com a doença; só quando volta a fazer as pazes com a vida é que ela se cura. Para isso, é preciso ceder em sua arrogância.

Quem gosta de viver não morre de doença, faz sua passagem naturalmente.

Se você está onde se colocou, só você pode mudar isso.

Para que esperar sofrer para depois ceder? Aproveitemos o agora e usemos o nosso poder de verdadeira humildade.

O que é é; e o que não é não é.

Quantas mágoas temos guardadas da vida e dos outros? Quantas decepções já acumulamos?

Toda vez que as coisas não saem como imaginamos, colocamo-nos na condição de traídos. Temos raiva e tomamos a decisão de nunca mais nos deixar ser livres e espontâneos.

Gostamos de punir aqueles que classificamos como culpados nos machucando. Queremos ser os eternos coitados para fazer os outros se sentirem miseráveis.

Gostamos de ficar de mal e nos negar a cooperar. Fazemos isso com as pessoas e com a vida. Acabamos prisioneiros de nossas nefastas promessas.

Guardamos as frustrações e os rancores, pois até hoje não aceitamos as coisas como aconteceram.

Você já aceitou tudo do jeito que aconteceu?

Seja como for, foi do jeito que você atraiu...

Manter-se de mal com a vida é estar à margem dela, e o resto você já sabe... Você está onde se põe.

O pior é que continuamos ao lado dos "deveria", achando mesmo que tudo tinha que ter sido diferente, perpetuando nossa condição de rejeitados, sendo postos de lado pela vida.

Os nossos "deveria" de hoje são as causas das decepções de amanhã. Somamos mais amargura e um dia morremos disso.

Só quem não faz o jogo do "deveria" tem chances de ser feliz.

Você está onde se coloca.

Se você se põe como azarado, o azar o persegue. Se você se põe como inferiorizado, a vida o inferioriza. Se você se põe como desgraçado, a vida o desgraça.

Mas se você tiver a modéstia de ver que tudo não passa de pretensão de sua parte, sua vida vai melhorar muito.

A pretensão de ter ou ser algo que você não tem condições de ser, ao menos ainda, dá a você a falsa ideia de desprivilegiado.

Pretensão é ganância, e essa é uma forma de mesquinhez. Toda mesquinhez nos leva à pobreza.

Quem quer o impossível será sempre impotente.

Querer algo e pôr os pés no chão trabalhando para chegar lá é saudável. Mas o ganancioso quer as coisas sem ter que fazer por ter, e isso é desilusão na certa...

Você é responsável pelas suas desilusões.

Seus pais foram o que foram. Eles fizeram o que sabiam de melhor.

Seus colegas e irmãos foram o que foram e ainda são o que são.

É você que se recusa a entender e aceitá-los como são. Eles têm limites e inteligência relativa.

Você também tem limites e inteligência relativa.

Se você guarda rancores, é porque não aceita o real.

Você não é realista e, sim, um ganancioso pessimista que se recusa a viver com a verdade da vida. Você é esnobe, rejeitou a vida e, consequentemente, é rejeitado.

Nossa ganância é tão grande que nos negamos aos outros, exigimos tudo dos outros e nos posicionamos como "carentes".

Carentes uma ova! Somos mimados e revoltados. Usamos esse artifício para fazer a guerra.

No jogo do real, tudo é o que pode ser. E se tivermos algo que nos incomoda, teremos que trabalhar para que as coisas melhorem, começando por aceitá-las como são. O resto é guerra.

Quem se põe em guerra vive na guerra, come guerra e morre na guerra.

Paz é paz; guerra é guerra.

Ou um ou outro.

O jogo da paz é: *aceitar as coisas como são sabendo que é o melhor que poderiam ser até agora.*

Estudar para tentar entender por que as coisas são o que são. Ao estudar, percebemos que a inteligência pode fazer milagres.

Depois, e só depois, poderemos avaliar se essa coisa é errada e se há algo que realmente poderemos fazer para melhorá-las. Nessa avaliação, teremos de levar em conta o preço desse empenho, o quanto teremos de nos esforçar para chegar a resultados positivos.

Quantas vezes eu achei que certa coisa estava errada, mas eu resolvi aceitá-la? Com isso, pude descobrir que quem estava errado era eu, e não a coisa.

Em nossa ganância furiosa, queremos fazer as coisas pulando etapas. Julgamos superficialmente e criamos a guerra.

Quanta desilusão!

Aprendi que a verdade precisa ser caçada na floresta de nossas ilusões se queremos realmente evitar sofrimentos.

Será que você não está se precipitando em certas coisas? Cuidado, pois a ganância nos embaça a mente e nos leva a fazer besteiras. Ainda é tempo de mudar...

Você também pode se tornar um caçador de verdades!

Perceba que a ganância se mascara de ideal e nos faz querer ilusoriamente as coisas, pensando em querer tudo para nós mesmos, o que nos leva à mesquinhez, que cria a pobreza.

Generosidade é a lei da cooperação, que só funciona no jogo da paz. O resto é guerra.

Quando queremos melhorar na vida, precisamos levar em conta onde nos estabelecemos e tentar sair dali. Muitas vezes não percebemos como nos diminuímos.

Você tem complexo de inferioridade?

Talvez nunca tenha pensado nisso. Ou mesmo não saiba o que realmente é. Nisso eu posso ajudá-lo.

Complexo de inferioridade é achar que somos menos do que realmente somos e, ao nos colocarmos para baixo, a vida nos põe mais para baixo e vivemos uma existência pior que a de um cachorro.

Achar-se menos é sempre uma ilusão, embora acreditemos nela como se fosse realmente verdade.

Nós possuímos naturalmente vários impulsos vitais. Eles são os motores da vida. Estão eles para os nossos corpos assim como a eletricidade está para os aparelhos. Nós os sentimos como entusiasmo (tesão) e aparecem de cinco formas diferentes:

- curiosidade;
- agressividade;
- sensualidade;
- responsabilidade;
- presença.

É fácil percebê-los nas crianças quando elas ainda não sofreram opressões do ambiente.

A criança saudável é naturalmente curiosa e atenta, e sempre se interessa por tudo. É sensual, pois adora sentir de tudo, como se lambuzar, brincar com água etc. É agressiva no que diz respeito a querer dominar a todos e a si mesma, por isso adora uma "lutinha" para se exercitar, como fazem todos os outros mamíferos. Estão sempre procurando aprender de tudo e são doidinhas para mostrar que sabem fazer as coisas sozinhas. Querem sempre ser elas mesmas e fazem questão de serem notadas e incluídas exigindo sempre respeito por seus sentimentos e vontades, o que as faz graciosas com suas presenças magnéticas.

Contudo, esses impulsos são passíveis de serem formatados ou moldados segundo ideias que aprendem com a influência dos adultos. Mas isso é relativo, pois uma pessoa que teve muitas vidas e é mais adiantada, ao renascer com pais mais atrasados, sempre se impõe e não se deixa se influenciar com facilidade. Mas, em geral, somos menos experientes e nos deixamos influenciar. Não quero dizer que todas as influências são necessariamente negativas, mas grande parte da herança social parece ser muito disforme. Basta olhar uma criança sadia e ver o que ela acaba se tornando.

Os impulsos vitais formatados por ideias apresentam funções equivalentes a elas. Assim, podem ser positivos ou negativos de acordo com o seu teor. Formatar é a capacidade de reorientar a função dos nossos impulsos.

Com a má orientação dos impulsos, eles ficam mal formatados, criando núcleos de morbidez que são os complexos de inferioridade, verdadeiros tumores em nosso inconsciente.

Você já pensou que poderia ter tumores no seu corpo energético? Pelos meus estudos de bioenergética, eles são as causas dos tumores físicos.

Extraí-los é fundamental, e para isso necessitamos localizá-los e conhecê-los, para então darmos um fim neles. Você está a fim? Então, vamos pôr mãos à obra.

O esquema a seguir nos ajuda a entender esses tumores.

O centro destes complexos é sempre uma ilusão de sermos menos do que somos de verdade. É, portanto, um falso valor em que se acredita e que se tem por verdade.

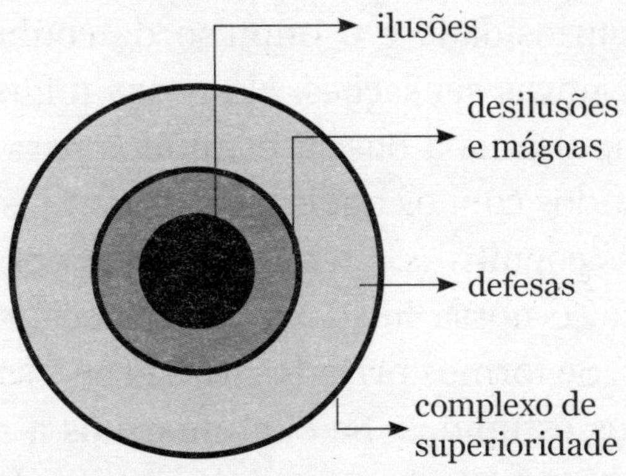

Imediatamente depois, fica a camada das experiências amargas, represando toda a dor ao seu redor, acumulando a memória de todos os fatos desagradáveis vividos com a falsa ideia de sermos menores que os outros.

Em seguida, criamos uma camada de defesa para nos proteger da consciência da dor ou da possibilidade de sermos feridos outra vez.

E, finalmente, criamos uma camada de falsa superioridade, mais conhecida como complexo de superioridade, que funciona como um mecanismo de compensação sempre que o tumor dói. Uma espécie de paliativo.

Para você poder localizá-lo em sua vida, vamos dar uma olhada em cada impulso.

Você ainda é bem curioso do jeito que era quando criança?

A curiosidade é o impulso de conhecer ou buscar novas sensações. Na nossa infância, ela nos impulsiona a buscar estímulos para os cinco sentidos com os quais desenvolvemos nossas funções cognitivas. Com isso, faz-se nossa inteligência, e nossa lucidez e perspicácia são formadas. Se formos privados de tais necessidades, seremos estúpidos. Se continuarmos a nos nutrir dela com destreza, nos levará à sabedoria. É, pois, o impulso dos sábios e dos cientistas, dos intelectuais e dos astutos.

Quando aprendemos que a curiosidade é perniciosa, desenvolvemos o complexo de burrice. Achamos que somos bobos e que os outros são mais espertos. Desenvolvemos defesas excessivas, a ponto de evitar estudar ou criticar quem o faz. Sentimos medo diante do novo e do desconhecido, pois nos julgamos incapazes de lidar de forma inteligente com as coisas.

Vemo-nos paralisados, e a vida se congela.

Sua vida é monótona? Tudo parece sempre igual? Você sente desânimo ou medo de tentar coisas novas?

O nome disso é tédio. Nada nos encanta ou seduz. Ao reprimirmos nossa curiosidade, morremos para o progresso.

Lembre-se que, seja lá o que for que você tem contra a curiosidade, só pode ser mentira. Você não é menos que ninguém. Tudo não passa de ilusão.

O mesmo acontece com a agressividade. Ela é o impulso de domínio, nosso tesão de exercer controle, e que nos leva a dominar nosso corpo e suas funções.

A coragem é sua expressão mais evidente, pois é a força para enfrentarmos a vida, a persistência e o autoapoio para sermos o que somos.

Porém, é como defesa que ela se mostra mais eficiente. Responsável pelo funcionamento do sistema imunológico, estabelece o equilíbrio entre o externo e o interno. É dela que se beneficiam todas as atividades destrutivas de nosso organismo, desde os dentes para a mastigação, passando pelo funcionamento dos órgãos digestivos e a assimilação de energias bioquímicas. Quando bem orientada, nos leva à ousadia, à firmeza, à saúde, ao sucesso no mundo, à força de se impor na sociedade e ao respeito que os outros terão por nós.

Aprendemos erroneamente que a coragem é monstruosa, o que em parte é verdade quando é formatada para dominar os outros, gerando crueldade e violência.

A sociedade não sabe como educá-la e, ao formatá-la equivocadamente, criamos o complexo de fraco.

Não sentimos força para nada, e a vida não se esforça para nos ajudar.

Acovardamo-nos diante de quase todas as coisas, e a vida não nos proporciona nada.

Pensamos muito nas desgraças e tememos tudo, e assim a vida nos cria só desgraças.

Somos doentes, pois nosso sistema imunológico não funciona direito, e a vida cria doenças crônicas.

Achamos sempre que não temos forças para enfrentar as coisas e vivemos fugindo delas, assim forçamos a vida a desviar o que é um direito inerente a nós.

Tornamo-nos desonestos para obter o que queremos, e a vida enche de desonestidade ao nosso redor.

Sentimo-nos envergonhados ao nos divertir, e a vida afasta de nós as coisas que gostamos de fazer.

Somos mentirosos e falsos com o pretexto de não ferir os outros, e a vida nos enche de pessoas e situações falsas e mentirosas.

Complicamos na hora de despistar nossa covardia, e a vida se complica a cada passo.

Ficamos impotentes, e nossa vida não responde positivamente aos nossos esforços.

É... você está onde se pôs.

Há também outro tipo de impulso vital: o prazer de sentir o bem das coisas, a sensualidade. Desenvolve o bom senso ou o senso do bem. É responsável por tudo que é construtivo e criativo em nós. No corpo físico, gerencia a sexualidade, a procriação e a manutenção da integridade do ser através do sistema de regeneração.

No corpo astral, cria o ectoplasma, que possibilita a vida no corpo físico e o fluxo de sensibilidades dos órgãos dos sentidos — é a libido da psicanálise —, responsável pelo amor entre os seres humanos e seus instintos de sociabilidade. Quando bem orientado, nos leva ao amor universal.

Você tem amor e prazer suficientes na sua vida? E a ternura, como vai? As pessoas tendem a ser simpáticas com você? Você se acha perfeito?

Todos sabemos muito bem como a sociedade cristã vem massacrando a sensualidade ao condená-la como luxúria. Assim, ela é erroneamente formatada, e seus aspectos mórbidos se multiplicam. A sexualidade, que é um de seus departamentos, somente agora nas últimas décadas vem sendo estudada e mais bem entendida.

Ter prazer é visto como pecado, pois só a dor e o trabalho árduo podem nos redimir do pecado sei lá do quê.

O complexo de imperfeição é tão forte que quase ninguém duvida que somos imperfeitos.

Um dia, um amigo desencarnado se aproximou e me disse: "Somos perfeitos para ser quem somos segundo nosso grau de evolução e de acordo com nossa originalidade. Todo o resto é ver de forma distorcida a obra de Deus".

Eu aceitei, pois senti que era verdade. Você já reparou que a verdade é identificada por um sentimento de ajuste em nosso corpo, e não pela lógica racional?

Parece que temos em nosso peito um sistema de identificação da verdade que, quando pensamos em algo verdadeiro, o peito logo nos produz uma sensação característica, e então sabemos que aquilo é verdade. Costumo chamar esse centro de identificação de bom senso. Ele parece ser um dos sistemas da alma.

Somos o que sentimos, e não o que pensamos que somos.

Se ao menos tivéssemos a coragem de nos deixar sentir e sustentássemos o que sentimos com nosso próprio apoio, a vida realizaria tudo que queríamos. Considerar-se perfeito é ter a vida perfeita.

Está na hora de você mudar, não acha?

Responsabilidade é o prazer de ter habilidades e de desenvolver nossas capacidades inatas. É o tesão de saber fazer e de ser capaz. É dela que vem a liberdade e o trabalho, como também a evolução. Utiliza-se dos outros impulsos para saber lidar com todas as situações da vida.

Quando a responsabilidade é mal formatada com ideias de menos, cria o complexo de inferioridade e a impotência em lidar com as coisas.

Você se considera uma pessoa "pau para toda obra"? Ou tem uma série de desculpas para fugir do que acha que é incapaz?

O medo de errar e ferir seu orgulho parece ser a causa em todos os casos. Crescemos considerando que as aparências são mais importantes do que nossa realidade.

Temos medo do que os outros vão pensar e nos abandonamos no que diz respeito a se dar força para fazer o que precisamos.

Sentimo-nos inadequados e perdidos com frequência.

Você sente que não é bom o suficiente para ____________? (Preencha a lacuna como quiser, pois todos têm o que colocar ali.)

Seja lá o que for que você escreveu, não deve ser verdade; é só complexo de inferioridade.

É necessário reaprender, ter a coragem de assumir a sua realidade e se elevar à categoria de pessoa capaz, uma vez que você é um ser ilimitado, repleto de potenciais à espera de chances para se desenvolver.

Se eu me ponho no melhor, a vida me põe no melhor.

Se eu sou capaz de tudo fazer ou aprender a fazer, então minha vida é cheia de chances e oportunidades.

Se eu tenho boa vontade, a vida assume minhas vontades de coisas boas.

Se eu me animo e faço tudo com a alma, a vida é sempre farta em me dar presentes do seu estoque infinito de milagres.

Não há pessoas sortudas; elas só estão onde se puseram.

Um dos impulsos mais bonitos do homem é a presença. É o impulso de estar presente, o prazer de ser ele mesmo. É o tesão de sentir nossa originalidade espiritual. Cria a individualidade e a integridade consistente do ser. Detentora dos poderes fora do tempo e do espaço, é responsável pela intuição e pelas faculdades paranormais. Motiva a vocação e a vontade, cria todos os sistemas de comunicação e expressão. Quando bem orientada, é responsável pelo carisma e pelo domínio do mundo.

Você sabe o que quer na vida? Ou pensa que sabe sem realmente ter certeza se isso é o melhor para você?

Você reconhece sua vocação e segue com absoluta confiança no seu destino? Ou você já se perdeu?

Quem se perde na vida jamais acha nada e morre de vazio.

Será que você não foi criado com ideias de que era um louco ou um desajeitado toda vez que se expressava com originalidade?

Parece que a sociedade quer que nos comportemos e sejamos todos iguais e pune, com rejeição, todos os nossos comportamentos originais. Individualidade é vista como coisa esquisita, aberração e deficiência, até que ficamos vazios e sem graça.

Você se sente sem graça e tem que viver preocupado com o seu desempenho para não dar mancadas?

Você é do tipo que vive ensaiando o que dizer e o que fazer antes de todos os eventos importantes?

Então, você é sem graça, e sua vida está cheia de desencontros.

Graça é equilíbrio, e carisma é charme, e só acontecem quando somos livres para ser o que somos. Quando nos pomos livres à nossa vida, abrem-se todas as portas para nós.

Agora, tem gente que é um pouco de tudo.

Para a sua curiosidade mal-orientada, tem o complexo de vítima.

Para a agressividade, tem o complexo de fraqueza, relativo a não ter força para enfrentar, ou impotência. Para a sensualidade, tem o complexo de imperfeição, feiura. Para a responsabilidade, tem o complexo de inadequação. Para a presença, tem o complexo de inutilidade e desvalor. Para essas pessoas, nem a morte pode fazer nada. Elas terão que reaprender a confiar em si mesmas.

Quando aprendemos que somos errados e imperfeitos, perdemos a confiança em nossa natureza interior. Desconfiança é não confiar em nós ou não ter um fio de ligação conosco — *des* (não) *com* (junto) *fiar* (fio, ligação). Já insegurança é *in* (não) *segura* (segurar) *ança* (atitude de); ou melhor, inseguro é aquele que não se segura em si, provavelmente se segura nos outros.

Para a curiosidade, temos a insegurança de não confiarmos na nossa capacidade de nos virarmos diante de situações novas. Tudo que é original e novo é evitado.

Assim, não confiamos nos infinitos recursos da vida e nos sentimos separados, sozinhos e abandonados. Logo somos hipermedrosos.

Nossas vidas são pobres, pois fazemos tudo sozinhos e não contamos com a ajuda do infinito. Separados nos separamos de Deus e vivemos a pobreza espiritual que quase sempre é física também.

Tudo é questão de escolha.

Eu escolhi que eu sou Deus, que não há separação e tudo que eu faça é D-Eu-S. Você já reparou que na palavra Deus tem o Eu dentro?

Eu escolho me pôr lá dentro, e você?

Para a sensualidade, temos a insegurança de não confiarmos na nossa capacidade de sentir para discernir, evitando seguir o próprio bom senso e geralmente se orientando pelo que os outros dizem, ou seja, pelas regras daquilo que é visto como normal ou de senso comum.

Não nos orientamos por nós e nos perdemos na vida.

Assim, não cremos em nossos sentimentos, que são evitados por serem considerados anárquicos.

Eu me sinto. O que sinto em mim é o certo. Minha alma fala o que sinto, e por ela me oriento. Eu não me perco, e minha vida nunca caminha para o errado; sempre me leva para o meu melhor sem dor. Isso não é magia, não. É apenas atitude.

Para a agressividade, temos a insegurança de não confiarmos na nossa capacidade de aguentar as pressões e de passarmos por situações de confronto em que a força de vontade seja necessária.

Eu me assumo como sou e encaro qualquer um. Minha vida é sempre pronta para me dar o que quero. Isso é só atitude.

Para a habilidade, temos a insegurança de não confiarmos em nossa capacidade de nos responsabilizarmos pelo que fazemos ou na necessidade de aprendermos a fazer algo de novo.

Com isso, temos pavor de errar e, se o fizermos, não assumimos a responsabilidade pelos erros.

Eu sou improvisador e criativo, pois o manancial da natureza jamais deixa de me acompanhar e de me fornecer elementos para recriar meu destino e até para ajudar os outros a recriarem os seus.

Eu sou os braços da vida a satisfazê-la.

Eu posso tudo. Assim, tudo é possível em minha vida. Tudo isso é só atitude!

Para a presença, temos a insegurança de não sermos valiosos ou merecedores do que é bom, achamos que tudo é inútil e que não vale a pena tentar. Não confiamos em nossas necessidades individuais, que são consideradas egoísmo, e não confiamos em nossa pessoa para garantir a nós mesmos o que precisamos, por isso sofremos de solidão.

Solidão é a distância a que se está de si mesmo. Quem está longe de si a vida afasta da felicidade. Eu sou bom do jeito que sinto. O bem em mim é do jeito que é.

A vida me fez bom só do jeito que eu sinto. Isso quer dizer que eu só sou bom para o que sou e não adianta tentar ser de outra maneira, pois será tudo sem alma, falso.

Há aqueles que só são bons com os bichos, outros com crianças, outros com velhos, ou doentes, outros ainda com funcionários. A vida criou bons para todas as coisas.

Eu estou feliz de ser bom só do jeito e nas coisas que a vida me fez. Por isso que minha vida é sempre generosa em me favorecer.

E a você? A vida tem favorecido?

Confesso que ela não costumava me favorecer até eu aprender que eu é que me punha para baixo.

Ninguém me machuca, sou eu que me ponho na situação de machucável.

Ninguém me trai, sou eu que me ponho na situação de "traível".

Ninguém me rouba, sou eu que sou "roubável".

Ninguém me rejeita, sou eu que me rejeito e sou "rejeitável".

Seja lá o que for, sou sempre eu.

Isso não é culpa, mas consciência do próprio poder.

O poder é um dom natural que todos têm. É dele que o destino é feito.

Acorde para ele e mude o que quiser, pois só você pode fazer isso.

De mentiras o mundo está cheio. Só podemos saber a verdade testando, na prática.

Então, o que vai ser? Por onde você quer começar?

Eu vou ficando por aqui. Aqui onde eu me coloco, no melhor.

No melhor eu moro.

No melhor eu vivo.

No melhor eu mudo.

No melhor eu fico.

DOIS

Você é seu carro

Essa é uma afirmação espetacular, talvez uma de minhas descobertas mais interessantes.

Você já reparou que, quando as coisas não vão bem, nunca é uma coisa só? Não parece que uma espécie de nuvem negra contagia tudo de forma desastrosa?

Por que será que essas coisas acontecem?

Você acredita em acaso?

Eu sempre fui da teoria de que o acaso não existe. Como não existe a sorte nem o azar.

Gosto de acreditar que tudo tem um porquê. Assim, me lanço na busca da compreensão e sempre a encontro.

Encontrar a chave da questão sempre nos dá o poder de mudar as coisas.

Eu gosto de ter poder. Você não?

Por isso, quando meu carro tem problemas, eu quero saber a verdadeira causa. Ele, que estava bom, de repente tem um certo tipo de enguiço, e não outro qualquer. Uma peça pode durar anos ou pode, de uma hora para outra, quebrar. Eu sei que você prefere procurar as causas físicas, como o desgaste, o excesso de buracos, o sol ou a chuva. Mas se uma peça pode durar anos nessas condições, por que não o faz? Ou mesmo, por que temos de trocar a mesma peça várias vezes quando outra pessoa, com um carro igual, do mesmo modelo, mesmo ano, mesma série, nunca teve tal problema? E por que ao vender o carro, depois de se encher de trocar peças, o novo carro apresenta o mesmo problema?

Será que estou a ver coisas? Será macumba? Vocês acham que eu deveria esquecer e tocar para a frente?

Eu sou como sou e, quando quero saber uma coisa, vou até o fundo. E você, tem curiosidade para buscar entender o que lhe parece incoerente?

Se você é como eu, este livro é para você.

A resposta começou a surgir quando eu comecei a entender a força de nossos pensamentos e atitudes e como isso afeta nosso destino.

Pesquisei como nossas energias afetam tudo que possuímos.

Desde o fato de uma mãe me chamar a atenção de que, quando ela não estava boa, as crianças ficavam terríveis, até o reconhecimento de quando uma pessoa tem energia ruim, que, por mais que ela tente ser legal com a gente, nossa reação será sempre de repulsa.

Como isso é possível?

Para chegar a entender como sua energia afeta seu carro, quero que você aprenda algo sobre nossas mentes.

Para um número considerável de pessoas, a mente é algo restrito ao corpo físico. Acreditam que ela nada mais é que a bioquímica dos neurônios, a massa encefálica restrita à caixa craniana. Mesmo no físico, ela não se limita ao cérebro, embora este seja o registrador de sua presença, mas está no corpo inteiro, pois, se assim não fosse, não perceberíamos dores e desconfortos nas partes do corpo que foram amputadas. Aliás, mente e corpo são uma só coisa, sendo que este é a parte mais densa da mente.

Inúmeros estudos e pesquisas de cientistas de diversas áreas comprovam que nossa mente está tanto dentro como fora de nós. Ela tem duas zonas: consciente e inconsciente.

A qualidade consciente está relacionada com os sentidos e com as sensações advindas deles. Tudo que você percebe aqui e agora, todos os fenômenos relativos a nossos sentidos, como audição, visão etc., nossas fantasias, nosso raciocínio, nossa imaginação, está relacionado com a consciência. O seu centro é o Eu Consciente que nos dá a individualidade, o arbítrio ou poder de escolha, a atenção, o poder de dar ou não importância, e o senso de realidade e ilusão. É ele que manipula a razão, a memória, a imaginação, o fluxo dos pensamentos, os movimentos do corpo e a fala.

Já a qualidade inconsciente é encarregada de muitas funções do corpo físico, bem como do metabolismo, totalizando mais de 90% de nossas atividades.

Nela armazenamos as memórias de um passado tanto próximo como remoto (nossas vidas passadas). Há nela também um centro que é nosso Eu Superior, Essência, Espírito, o si mesmo ou o Eu Verdadeiro. Sabemos da existência dela por suas manifestações na consciência. Ela é o centro do amor, da vocação, da verdade, do bom senso e se liga direto com a inteligência do universo, por isso é criativa e produz a intuição e a inspiração.

Entre consciência e inconsciência, há o subconsciente, que está no inconsciente, mas é profundamente afetado pelas atividades do consciente.

Ele atua como um arquivo de nossas atitudes, o qual será usado como modelo para que o sistema realizador crie as situações, o cenário, as experiências que vamos viver.

Possui também o SI, ou Sistema de Integridade, que funciona como proteção.

Na consciência, as crenças que escolhemos como reais e a que damos muita importância nos levam a formar atitudes, e estas funcionam como um programa alimentador e direcionador de nosso sistema realizador que cria nosso destino. Nós escrevemos nossa vida de acordo com os valores que assumimos. Quando nossas atitudes são positivas, é porque elas produzem situações que fluem com facilidade; quando elas produzem dificuldades, nós as consideramos negativas.

Se você nutre atitudes positivas consigo mesmo, elas vão pulsar tanto em seu corpo físico como em seu campo energético, no ambiente, nas pessoas e nas situações a seu redor. Acontece o mesmo se você assume que é menos que os outros e se considera um azarado ou uma vítima. A vida vai criar situações em que você será sempre o inferior, o azarado e a vítima.

Podemos comparar nossa mente a um computador altamente avançado e sofisticado que, ao ser programado para determinada coisa, a realiza com bastante maestria.

O que programamos no nosso computador mental afeta nossa vida de modo integral, já que o inconsciente está em tudo. Ou melhor, tudo está dentro do inconsciente.

Se tudo isso é verdade, ao mudarmos nossas atitudes, deveremos mudar nosso destino. E essa é a prova mais irrefutável que posso lhe dar. Só acreditamos realmente no poder de nossas atitudes quando definitivamente, e de propósito, fazemos uma mudança e observamos os resultados. E é pelos resultados que podemos saber se uma atitude é positiva, neutra ou negativa.

Apenas a intuição e o bom senso podem antecipar isso.

Se todas as nossas atitudes negativas servissem de modelo para o sistema realizador criar nosso destino, creio que nenhum de nós existiria mais. Uma vez que a natureza nos fez estúpidos e ignorantes, ela também criou um moderador, um selecionador, uma espécie de defensor dos ignorantes: o sistema de integridade.

Como a natureza é seletiva, ela está empenhada em manter a integridade de cada indivíduo.

É por esse motivo que todos nós somos dotados de um sistema de defesa, de proteção, situado no subconsciente. É um sistema natural conhecido há muitos anos como providência ou proteção divina e, modernamente, no corpo, como sistema imunológico.

De minha parte, prefiro chamá-lo de sistema de integridade ou, simplesmente, SI.

É integridade porque atua tanto no corpo físico como no emocional, no mental, no ambiental e também em tudo que é de sua propriedade.

Em qualquer desses níveis, a sua atuação apresenta a mesma presteza e eficiência.

O SI está situado no inconsciente, ou, mais especificamente, ao redor do subconsciente, como se fosse uma casca permitindo a ação deste só em alguns casos e funcionando como um selecionador e um defensor da integridade de nossa individualidade.

Com os experimentos de visualização criativa e de auto-hipnose, provou-se que temos o poder de nos impressionar a ponto de mudar nossa situação física, assim como nossa vida. Um exemplo de mudança física é o que presenciei num congresso sobre hipnose, no qual uma pessoa se auto-hipnotizou e tirou sua sensibilidade à dor. Em seguida, ela pediu para espetarem agulhas debaixo das unhas para provar que não sentia dor e mostrar também o controle da mente. Todos temos o poder mental de controlar, de nos convencermos a algo, mas são poucos os que fazem uso dele com consciência.

Ser dotado dessa capacidade é realmente algo maravilhoso, não é mesmo? Você já pensou como seria sua vida se aprendesse a usar esse poder de forma consciente? Talvez podería ser como Jesus ou Sai Baba, transformando água em vinho, pedra em diamante. Ou como Uri Geller, entortando chaves e fazendo relógios funcionarem só com o poder da mente.

Acha que estou exagerando? Que isso não é possível?

Pois eu penso que é. Claro que há pessoas que vão continuar não acreditando, mesmo com todas as evidências a favor. Como era o caso de meu avô, que morreu rindo de todos os que acreditavam que através de um aparelho eletrônico seria possível ver pessoas. Ele nem sequer imaginava que anos mais tarde o próprio neto apareceria na casa dos outros através de um aparelho destes. Isso aconteceu quando fiz o programa Terceira Visão na Bandeirantes.

O SI tem como função impedir a materialização de todas as atitudes que poderiam gerar situações negativas em nossa vida.

Uma de suas tarefas principais é nos proteger de nossa própria ignorância com relação ao potencial mental que temos a nosso dispor e seu respectivo poder de criar e realizar.

É por este motivo que o SI faz uma seleção dos programas negativos que colocamos no computador mental e não deixa que tudo que pensamos nesse sentido se materialize. O sistema atua como um bloqueador de somatização de nossos comportamentos, protegendo-nos de nós mesmos. Ele é moldado para nos defender de nossa própria ignorância, de nosso desconhecimento. Ou seja, ele nos preserva do que ainda não sentimos nem conscientizamos como o melhor para nós. Portanto, a função básica dele é manter nossa vida tanto interna como a externa no melhor nível possível.

De acordo com a teoria dos programas, se você nutre rancor, vai criar situações de guerra e rancor, mas nem sempre é assim que ocorre.

Você pode continuar a colher uma vida de paz exterior, mas uma outra pessoa que também mantiver rancor, quando deveria ter tomado outra atitude melhor, não será protegida e terá guerra na vida atraindo rancorosos que conseguem atingi-la.

O motivo disso é fácil de entender, porque o SI atua de acordo com o grau de conhecimento de cada um.

Se você faz só seu melhor, a vida o protege.

O melhor de cada um a que me refiro não são as teorias idealizadas de comportado ou bonzinho, nem a moral cristã de certinho, mas sim o que a pessoa já sentiu de corpo inteiro, o que viveu realmente e o que aprendeu de melhor para ela.

O SI nos preserva de nossa ignorância, mas não do conhecimento. Por esse motivo, uma vez tendo apreendido algo integralmente, ele deixa a responsabilidade da ação para a consciência e desativa a proteção.

Quer dizer que quando você entende o que é o melhor, quando conhece uma forma mais adequada de agir e insiste em manter uma crença inadequada, atrai situações prejudiciais para si. Um exemplo disso é que, enquanto você mantém a crença no rancor, por acreditar que perdoar é sinal de fraqueza, você está protegido pelo SI. Mas, no momento em que entende os benefícios do perdão e insiste em manter a crença no rancor, a proteção é desativada.

A defesa só funciona para nos preservar de nossa ignorância, e isso é muito justo.

Uma vez consciente, temos a responsabilidade pelas consequências. Temos que cuidar o que passa para o poder do arbítrio.

Deus não mima. Ele só protege aquele que é inocente.

Se você sabe, use ou pague o preço de sua irresponsabilidade.

Como sua mente não tem limites e o que você assume como real e verdadeiro repercute tanto interna como externamente, você é o único responsável pelo que lhe acontece de bom e de mal, e ninguém mais. Com as crenças que alimenta, você influi em todas as áreas de sua vida. Tudo o que é de sua posse, de sua propriedade — como família, carro, casa, aparelhos eletrodomésticos, animais, plantas, assim como seu próprio corpo — sofre a influência do que você acredita.

Talvez seja por isso que você não entenda por que seu carro está sempre encrencando e apresentando o mesmo defeito, embora você cuide, leve no mecânico e conserte, ou qual o motivo de sua casa apresentar um problema atrás do outro. Ou ainda mais, por que você adoece com frequência e nunca fica livre de doenças.

Em todos esses casos, é você que está mantendo uma atitude que não lhe serve mais, que está em desacordo com seu conhecimento e, por isso, compromete o equilíbrio de alguma área de sua vida. Quando você nutre crenças adequadas ao seu grau de conhecimento, ao seu melhor, sua vida flui maravilhosamente bem. O SI está presente no subconsciente porque sua atuação está situada onde a consciência não pode atuar. Mas à medida que a consciência avança em sua trajetória de aprendizado evolutivo, quer dizer, de conhecimento, ele diminui sua zona de proteção. O que mostra que ele é mutável, e que a mudança se dá de acordo com os conhecimentos que você adquire. Os parâmetros que ele tem para o que deve ou não ser protegido, o que deve ou não ser materializado, mudam de tempos em tempos.

A noção do que é certo, do que é melhor para você, está mudando sempre. O que hoje você considera como melhor, amanhã pode não ser mais, porque você adquiriu mais habilidade, aprendeu mais um pouco, e a noção anterior de melhor fica desatualizada, porque você conscientizou uma nova.

Aquilo que é sentido, vivido, conscientizado por você como melhor passa a ser um item a menos na lista de proteção do sistema. Uma vez que você se conscientiza de algo, é a consciência que assume o comando, e não mais o subconsciente. O sistema é absoluto diante da ignorância, mas diante do conhecimento passa a ser um empregado submisso.

Tudo na natureza é sábio. Ela nos criou de inocentes para conscientes, ou seja, de quem nada sabe para quem sabe alguma coisa. Por isso, o sistema, que nada mais é que um circuito psicoenergético, atua na sua mente criando substâncias de defesa em seu corpo e situações protetoras em tudo que você possui.

A defesa dosa e breca para protegê-lo, enquanto você age e não tem consciência de seus atos, portanto, é inocente diante do que faz. Enquanto você é ignorante diante de determinadas crenças que você mesmo cria e que poderiam desencadear situações catastróficas em sua vida, a natureza o protege. Mesmo porque arcar com o que fez, desconhecendo o que fez — e mesmo arcar com as consequências de crenças prejudiciais, mas vistas pela ótica ignorante como benéficas —, seria profundamente injusto.

Nossa evolução transcorre em um percurso que vai do menos consciente para mais consciente, de um menos para um mais, e o SI acompanha essa evolução. O sistema existe para refrear as consequências das crenças que alimentamos. Isso acontece porque ainda não temos habilidade para responder por elas, uma vez que não temos consciência do que estamos fazendo.

Só podemos ser responsáveis por ações das quais temos consciência e das quais podemos fazer uma opção de comportamento. As escolhas feitas durante a vida são consideradas as melhores de acordo com nosso conhecimento e nossa capacidade.

Ao fazer seu melhor, você está sempre protegido, o que não acontece quando você faz algo fora de seu conhecimento.

Um exemplo interessante de como funciona a proteção do sistema são os soldados que entram numa guerra para defender a pátria. O sistema defende aqueles que consideram que matar o inimigo é o melhor que sabem fazer para impedir que a pátria seja invadida. Em contrapartida, há aqueles que o sistema não defende, pois já são conscientes de que há outras maneiras de defender a pátria e, logo, levam um tiro. Mas, se os primeiros se conscientizam de que há outra forma de defesa e insistem em permanecer com a crença antiga, também ficam sem proteção.

Como o sistema é algo natural, ele existe em todas as pessoas e, portanto, protege a todos indistintamente.

Pode parecer um absurdo, mas ele também protege loucos, assassinos e bandidos. A ação dele é igual para todos, protegendo as pessoas que você considera "ruins" da mesma forma que protege você. Ele as protege se o que estão fazendo é o melhor dentro do conhecimento que têm e a melhor resposta dentro da ignorância delas. Para a providência divina, todos somos iguais em chances e oportunidades de evolução.

Os valores morais nos dizem que pessoas maldosas e perversas não deveriam ser protegidas, não deveriam ser poupadas em nada. Você pode achar que a providência divina está errando quando protege pessoas que fazem o mal a outras. Mas o mal não existe. O que existe é o bem menor e o bem maior.

O bem menor é o que é inadequado para você agora, nesse seu momento de vida, de acordo com seu grau de conhecimento, de lucidez. O bem maior é o que você faz com lucidez, com consciência do que é adequado para você.

Também a tendência do homem é sempre escolher o melhor, quer dizer, o que lhe parece melhor.

Isso significa que ninguém escolhe propositalmente um caminho pior, nem mesmo o maior bandido. Este escolhe o caminho que na visão dele parece o melhor para obter o que quer. A visão do que é bom, do que é o bem, é relativa porque depende da vivência de cada pessoa em suas várias vidas.

O que é bom e adequado para mim pode não ser para você. O que é bom para você pode ser a desgraça para outros.

O grande passo para a lógica humana do século 21 é terminar definitivamente com a visão absolutista que imperou durante séculos no mundo. É importante aprender a relativar as coisas.

O relativismo acaba com as ideias absolutas, intocáveis, e cria uma noção de mundo como um conjunto de forças que interferem umas nas outras. A ciência hoje vê um fenômeno não mais numa visão mecanicista, no qual uma causa detona um efeito mas como um conjunto de forças que se interrelacionam.

Em sua vida diária, ter uma visão relativista de você e do mundo é altamente significativo e ajuda no entendimento de si mesmo e na autoaceitação. Relativar um comportamento seu é entender e aceitar que ele foi adequado num determinado momento, mas que, em outro, ele pode ou não continuar sendo. Por exemplo, durante um tempo você achou que para ter a estima dos outros devia concordar com eles em tudo, o que perdurou até o momento em que a necessidade de ser estimado perdeu a importância e aí passou a externar sua opinião, mudando o comportamento que, em seu entender, não era mais adequado.

Geralmente, as pessoas não fazem isso. Primeiro porque vivem com os olhos dos outros e com o que a sociedade cheia de regras e normas diz que é adequado. Estão com a mente repleta de modelos sociais, que dizem como devem ser para serem aceitas no meio em que vivem. Isso porque acham que mudar um comportamento mostra que não têm opinião, não têm personalidade. Mas personalidade é uma roupa que vestimos ao encarnar e que mudamos no momento que quisermos.

Há também aquele caso de vermos uma pessoa considerada evoluída ter uma vida desgraçada e um bandido sem-vergonha ter uma vida de rei.

A primeira não está fazendo seu melhor, embora ela seja mais adiantada que a maioria. E o bandido, apesar de ser um ignorante, está fazendo o que sabe de melhor. Quem o bandido roubar é roubável, ou seja, está se deixando invadir por críticas desvalorizativas.

A vida une o ladrão e o roubável! Caso contrário, ela defende o inocente.

A natureza é justa com todos. Ela dá a cada um de acordo com a própria obra, ou seja, a própria capacidade, e isso vale para todos, desde o mais ignorante até o mais evoluído. Mesmo em se tratando de gente muito superior e evoluída, como, por exemplo, Jesus, que pregava amor e recebeu uma agressão horrível. A ideia que perdura há séculos é que ele morreu na cruz para nos salvar dos pecados. Mas não é mais possível aceitar isso, porque não somos pecadores e ninguém salva ninguém, já que cada um é responsável pelas próprias ações. Jesus pregava amor e compaixão, mas se deixou enfurecer com os vendedores na porta do templo, chutando as barracas, e a consequência disso foi violenta. Foi muito mais intensa do que seria para nós devido a seu grau superior de consciência.

Nós fazemos agressões conosco todos os dias e quase nunca elas produzem consequências desastrosas, só porque é o melhor que podemos fazer. Ninguém escapa da lei.

Você só pode ser responsável por aquilo de que tem consciência, mas não do que não tem.

Como exigir algo que você ainda não sabe? Seria injustiça, bestialidade e ignorância da natureza, e ela não é assim. Nós é que temos uma curta percepção das coisas e vemos tudo de forma distorcida.

Nesse momento, permita-se refletir sobre o que não deu certo em sua vida e sobre as coisas em que você se deu mal. Procure perceber se você agiu de acordo com seu melhor ou se deu ouvidos para os outros e fez um tipo que não tinha nada a ver com você.

Se você escutou os outros, provavelmente se deu mal. Na verdade, é só você que faz coisas boas ou não para si mesmo e que pode saber o que é o seu melhor.

Mesmo porque o caminho de uma vida rica, bem-sucedida, feliz e espiritualmente próspera não precisa ser o da dor.

A escolha é nossa: ou somos bons alunos e vamos pela inteligência, ou somos péssimos alunos e vamos pela dor. Não interessa, mas que vamos, vamos!

A vida só quer que você faça o melhor que já sabe. Ela não quer sacrifícios ou o impossível. Ela quer aquilo a que tem direito. Ela lhe dá o melhor quando você se mantém no melhor.

Para mim, isso é justiça de fato. E para você?

Muitas pessoas acham que são "tão boas" e não sabem por que as desgraças lhe acorrem.

Fazer o que se "pensa" que é bom nem sempre é fazer o bem. Fazer o que se "pensa" que é certo nem sempre é o certo.

Pensar não é sentir.

Achar não é experimentar, mas sim imaginar.

Enquanto você está nas especulações, o SI está atento para protegê-lo. Você pode ter uma crença durante anos e não causar nenhum dano porque ela não faz o menor sentido para você. Entretanto, um dia ela começa a fazer sentido e o sistema deixa de proteger você.

O que é fazer sentido? É compreender o que realmente significa a crença que você está mantendo há anos. Essa compreensão é como um estado interior em que você sente com o corpo inteiro. O que antes você só sabia na cabeça, intelectualmente, a partir da compreensão, você sente com seu sistema integral, com o corpo todo. A partir do momento em que ela entrou no corpo inteiro, significa que você a sentiu, e daí para a frente é bom estar atento às bobagens que você põe na cabeça, pois o que você pensar é o que vai somatizar no ambiente e em você.

Aprendemos com o que os outros pregam e consideram certo. Para receber a aprovação dos outros, nós assumimos o que eles dizem como certo e nos guiamos por essas ilusões.

Ilusões, sim, porque tudo que se conhece de "orelhada" não é o que aprendemos vivendo na realidade.

Em todo caso, revolta e queixas não vão eximi-lo das consequências.

Enganar-se não vai enganar a justiça natural.

Quando você insiste em alimentar uma atitude que não lhe serve porque não é seu melhor e está sem proteção, ela cria uma energia que começa a atingir a área de sua vida que está relacionada com o tipo de atitude que você nutre e com os aspectos emocionais que você está vivendo.

Quando, por exemplo, sua atitude inadequada diz respeito à sua liberdade de ir e vir ou de ser como bem quiser na vida social, a área atingida é seu carro.

O carro é nossa vivência de liberdade social.

Ao passo que se o ambiente atingido for a casa, que representa individualidade e segurança, mostra que há uma inadequação neste aspecto. Assim como no corpo físico, sabemos que as atitudes inadequadas são consigo mesmo.

Nos relacionamentos íntimos, conta a maneira como você se trata (ver o capítulo 3 *A vida lhe trata como você se trata*).

Nós já sabemos que tanto o interno como o externo sofrem a influência de nossas atitudes, que constantemente alimentamos.

Mas de que maneira nós exercemos essa influência?

Há uma ligação inconsciente entre todas as coisas, tanto com relação a pessoas como com objetos. É uma ligação energética, um campo de força que exerce sua influência além dos limites materiais.

Esse campo de força atinge tudo o que mantemos como posse psicológica, que pode ser diferente da posse jurídica e legal.

Você gosta de ter posse sobre as pessoas e os objetos e mandar e desmandar? É claro que sim. O que não gostamos é de ser mandados, embora gostemos de ser possuídos, paparicados e mimados.

Uma pessoa com livre-arbítrio se deixa possuir por outra quando passa a viver das ações desta. Da mesma forma, ocorre com os objetos, que pela própria limitação são completamente passivos à posse e sofrem a influência de nossos pensamentos, do que acreditamos como verdade em nossa vida. Por esse motivo, não é preciso se espantar com o fato de que o ato psíquico da posse nos dê o direito sobre o destino das coisas.

Geralmente, nos habituamos a pensar que os objetos só podem ser manipulados por um ato visível, ou seja, pela ação de nossos nervos e músculos.

Achamos que o que fazemos com nossos pensamentos nunca alcança o mundo exterior, a não ser pela ação externalizada pelo corpo físico, como a fala. Acontece que essa é uma forma limitada de pensar, e as pesquisas na área da parapsicologia com percepção extrassensorial mostram que com a força mental há pessoas que conseguem atuar em objetos.

Os estudos com o subconsciente e o efeito de impressões gravadas nele mostram sua capacidade de interferir no funcionamento de nosso corpo. Freud foi o primeiro a perceber que atividades mentais poderiam nos levar a modificar as funções normais do organismo, abrindo assim as perspectivas para uma nova ciência chamada Psicossomática.

Atualmente, apesar dos inúmeros entraves que a mentalidade ortodoxa de uma ciência médica completamente superada tem construído em torno dessa nova ciência, ela tem feito seus progressos. Pouco a pouco, o homem se permite ver que as atividades ditas mentais são de certa forma materiais. As pesquisas sobre o estresse comprovam isso. Testes feitos com mudança de comportamento mostram que esses fenômenos podem modificar a saúde das pessoas, fazendo com que adoeçam.

Podemos ainda não conhecer com profundidade o mecanismo de funcionamento dos fenômenos que envolvem a mente, apesar de tantos estudos e pesquisas. Entretanto, saber que eles existem nos ajuda a aceitar mais o fato de que nós afetamos o mundo interno e externo com nossa vida mental. Partindo dessa ideia, os acontecimentos da vida diária não nos parecem tão absurdos assim.

O carro, bem como outras máquinas criadas pelo homem, é inspirado em suas habilidades naturais, em seu corpo ou no corpo dos animais. Assim, o avião foi inspirado no voo dos pássaros; a televisão veio do estudo dos olhos; o aparelho de som, do ouvido; o carro vem do estudo e da experiência do homem com o corpo.

O carro tem peças que executam funções semelhantes às do corpo e, embora não sejam iguais em tudo, podemos fazer algumas comparações. Então, vejamos.

Assim como o corpo humano tem órgãos vitais e secundários, o carro tem partes essenciais e acessórios. O carro é impulsionado pelo motor, e o corpo é impulsionado pela essência, alma, pelo espírito. Poderíamos dizer que o motor é a alma do carro, é o que dá vida e movimento a ele. Uma outra comparação é a de ver o motor do carro como o coração, bombeando óleo do mesmo modo que o coração bombeia o sangue. As veias seriam as mangueiras que levam a refrigeração para o carro todo.

Já nossa estrutura óssea pode ser comparada à suspensão do carro, que é a parte que sustenta a carroceria e o motor. As rodas e os pneus podem representar os braços e as pernas, que nos permitem locomover, flexionar, girar para onde queremos.

Se relacionássemos todas as partes de um carro com os órgãos do nosso corpo, não encontraríamos nenhum correlato para o cérebro. Um carro nada tem que se assemelhe ao cérebro. O cérebro do carro é o cérebro do motorista.

Portanto, é importante conhecer o que se passa no cérebro ou universo mental do motorista e as qualidades de pensamentos que povoam esse universo. Pois o modo como o motorista pensa é o modo como o carro anda. Quer dizer, as crenças que você tem fazem sua vida fluir para um lado ou para outro, pois é seu o poder de escolher o caminho a percorrer: se em uma reta, em uma estrada cheia de curvas, se quer pegar um atalho, ou se quer seguir por um terreno acidentado.

Na vida também é assim que funciona. Quando você quer ir por um atalho para cortar caminho sem estar preparado, pode encontrar obstáculos de toda espécie. Por esse motivo, é preciso entender você, se perdoar, compreender que determinadas estradas por onde você seguiu não eram confortáveis, mas foi o que você soube fazer de melhor no passado. Uma maior disciplina mental passa a existir quando você toma consciência de que é o único responsável por sua vida. Quando você se posiciona de forma a "só pensar o que quer", as coisas fluem melhor, pois quem está no comando é você.

Como o carro nos leva para onde queremos, ele representa nossa capacidade de fluir na vida, que é nossa liberdade de ação e principalmente nosso modo de agir na vida social.

Você é realmente seu carro.

Agora, vamos fazer um exercício no qual você vai se permitir sentir que é seu carro.

Permita-se estar aberto para estudar cada parte do carro e descobrir sua equivalência com as funções psicológicas.

Comece com a frase:

Eu sou o carro e... (acrescente o tipo de problema que seu carro apresenta). Por exemplo:

Eu sou o carro e quebro a toda hora.

Eu sou o carro e meu breque está falhando.

Eu sou o carro e os vidros estão estourados.

A segunda etapa é observar o defeito e procurar a função da peça defeituosa no mecanismo do carro. Por exemplo:

O problema está no breque? Qual é o tipo de problema? O breque falha ou faz barulho? Para que serve o breque? Para parar o carro. Se ele não está parando, não está fazendo a função dele. Qual a relação disso com o que está acontecendo em sua vida? Você pode não estar se deixando parar, ou seja, se permitindo interromper algo quando já pode. Se o problema for o barulho para brecar, talvez esteja sendo difícil para você conseguir dizer não para algumas coisas. Brecar é dizer não.

Após entender a função da peça defeituosa, a terceira etapa é se questionar. Por exemplo: Qual é o comportamento que está provocando o problema?

A seguir você tem uma lista de partes do carro e suas possíveis funções metafísicas.

Esta lista tem a finalidade de nortear você, mas não é a resposta para tudo, mesmo porque não se pode esquecer que as crenças alimentadas e os problemas causados por elas vão variar de pessoa para pessoa. Isso fica claro no exemplo a seguir: o carro de uma pessoa apresenta queima de faróis baixos, o mesmo defeito que o de uma outra, só que para a primeira a queima pode significar que não quer ver o presente, enquanto para a segunda pode se relacionar com raiva acumulada. Isso mostra que é você que precisa sentir a relação existente entre a função da área problemática e seu comportamento.

O carro estampa aquilo que você está fazendo com você. Ocorre de outro modo quando o carro pertence a um casal e os dois o dirigem. Nesse caso, o problema que o carro apresenta é o que está acontecendo na relação do casal e também tem a ver com submissão. Já quando todos os membros de uma família utilizam o mesmo carro, o problema que ele apresentar representa a relação existente entre eles, ou seja, é como está a relação entre eles, como interagem. Se a relação está boa, o carro não apresenta defeito.

Uma outra coisa que pode ocorrer com relação ao carro é que, quando um dos cônjuges o dirige, dá um tipo de problema e, quando é o outro que dirige, apresenta um problema diferente ou não dá problema algum. De qualquer forma, todos esses aspectos têm a ver com a relação conjugal. Quando um cônjuge entrega o carro para o outro com uma atitude submissa, este pode influenciar no carro.

A submissão não é ser escravo do outro, mas é a dominância que a pessoa permite que o outro tenha sobre ela no nível dos sentimentos. Isso ocorre quando ela quer assumir responsabilidades pelos outros ou quer que estes assumam por ela.

Claro que as consequências podem também atingir outras áreas de sua vida, como trabalho, dinheiro, relacionamento e outras mais. Se você deixa que a crítica dos outros o afete, ela pode atingir não a área da liberdade de fluir na vida ou a do poder de ser você mesmo — como simbolizam respectivamente o carro e a casa —, mas a das realizações, como as que tem no trabalho, um dos símbolos máximos.

A área referida é a das realizações concretas, das realizações sociais que dizem quem é você na sociedade, ou seja, na sua relação com a vida social. Um exemplo disso é a pessoa que é proprietária de uma empresa que foi roubada, o que mostra que ela está deixando que seus conceitos sobre trabalho, suas intuições relacionadas a ele sejam solapadas por pensamentos de outros, que vêm de fora para dentro dela.

Dicionário do carro[1]

Acelerador — O pedal do acelerador é o situado à direita, abaixo dos pés do motorista. Ao lado dele ficam o pedal do freio e o da embreagem. O acelerador tem como função colocar o carro em movimento, comandar a velocidade e controlar a aceleração. Ao pressionar o pedal do acelerador, tendo engatado a marcha, o carro anda. Ele regula a quantidade de mistura de combustível que alimenta o motor, regulando também a velocidade.

O pedal do acelerador representa a capacidade de dizer "sim" com precisão. Tem também relação com o entusiasmo que a pessoa tem na vida. Carro muito acelerado é porque a pessoa está sempre acelerada, acumulando atribuições e não dizendo "não" como deveria.

Quando o carro não anda na velocidade da aceleração, ou seja, pressiona-se o pedal do acelerador, mas o carro não anda o quanto deveria andar, significa que se está fazendo muita força para fazer algo ou que não se está fazendo como costuma fazer.

---

1 N.E. Ao longo dos anos, a composição de um veículo sofreu algumas alterações. Mas, para o exercício proposto pelo autor, as observações são válidas.

Acendedor de cigarro – É um acessório instalado no console do carro para dar comodidade ao motorista fumante, pois permite que ele acenda o cigarro enquanto dirige. Ele tem o formato parecido com o de um botão que, ao ser pressionado, passa por um processo de aquecimento. Após alguns segundos, retoma a posição original, mas aquecido o suficiente para acender cigarros.

Ele representa a capacidade da pessoa de aceitar ajuda.

Alarme – A função é fazer barulho, chamar a atenção para evitar que o carro seja roubado.

Quando ele não está funcionando, significa que a pessoa está insegura, negando o amor por si mesma e, com isso, sendo desonesta consigo mesma.

Alternador – Como o próprio nome diz, ele gera uma corrente alternada, uma corrente que inverte seu sentido de circulação a cada instante. Ele é um conversor de energia, ou seja, tem como função transformar energia mecânica, que é transmitida e gerada pelo motor de combustão, em energia elétrica capaz de recarregar a bateria. Ao dar partida no carro, a bateria se descarrega e o alternador a recarrega fornecendo corrente elétrica para suprir a falta de carga.

Podemos compará-lo a um transformador de recarga de bateria. Ele tem função igual à do dínamo e o substitui na maioria dos carros. O alternador apresenta vantagens com relação ao dínamo, porque fornece carga elétrica à bateria mesmo com o motor funcionando em marcha lenta.

Do ponto de vista mental, é a capacidade de manter o próprio pique, ânimo. Quando essa peça apresenta problema, significa que a pessoa está com falta de ânimo e não se apoia como de hábito, negando seu pique para fazer coisas que já fazia.

Amortecedores – São peças de formato cilíndrico, instaladas entre o eixo e as rodas, que se adaptam ao sistema de suspensão do carro para amortecer as oscilações das molas. A função é dar estabilidade ao carro, principalmente nas curvas.

Eles representam a capacidade da pessoa de se manter equilibrada diante das reviravoltas da vida usando sua dose costumeira de calma e a confiança em si ou em Deus.

Antena – Situada do lado externo do carro, serve para captar as ondas emitidas pelas estações de rádio.

Quando está quebrada ou desconectada do rádio, significa que a pessoa não está permitindo se conectar com seu habitual prazer ou senso de humor.

Ar-condicionado — Faz parte do sistema de ventilação do carro e serve para aquecer ou resfriar o interior do veículo. É um conforto para quem utiliza o carro.

Representa a capacidade da pessoa de se manter calma ou amorosa diante das mudanças das situações.

Arrefecimento — É o sistema de refrigeração do carro. Ver Refrigeração.

Articulações — São peças flexíveis que unem as portas à carroceria do carro.

Representam a capacidade de articular ou de se virar afetivamente diante das amizades, mantendo o controle da intimidade. Capacidade de manter ou impor respeito.

Assoalho — É o "chão" do carro, onde estão fixados os bancos.

Diz respeito ao modo como nos apoiamos para lidar com nossa vida social.

Normalmente, o forro do assoalho é feito de carpete. Todos nós temos um jeitinho de levar as coisas para não sermos rudes.

Bagageiro — É uma armação de alumínio dotada de fixadores que possibilitam prendê-la no teto do carro. É um componente opcional do carro utilizado para carregar bagagens quando o porta-malas não é suficiente para isso.

Representa nossa capacidade extra de carregar responsabilidades.

Banco do motorista — Representa nosso lugar na vida social, o que valemos e como nos colocamos diante de nossos direitos e nossas responsabilidades. Quando quebra, significa que estamos fugindo da nossa posição na vida ou negando-a.

Banco do passageiro ao lado do motorista — Diz respeito a nossas relações de amizade ou de matrimônio. Se quebra, é porque estamos dificultando o relacionamento, tentando afastar as pessoas de nossas vidas.

Banco traseiro — São as pessoas que você assume a responsabilidade de levar nas costas (filhos, parentes, idosos, empregados). O que acontece com os bancos é geralmente o que está acontecendo com o relacionamento. Se rasgam, é a agressividade que você está nutrindo; se quebram os cintos de segurança, é a insegurança em manter firmes suas responsabilidades etc. Lembre-se: isso só ocorre quando você se nega a fazer o melhor que já sabe.

Bandejas — Há as dianteiras e as traseiras, que fazem parte do sistema de suspensão do carro. A função é a sustentação do veículo.

Elas representam o apoio que você se dá para manter sua liberdade social na vida, sua ousadia e capacidade de se manter por si.

Barulho — Qualquer barulho ou ruído significa sempre que a pessoa está fazendo muita agitação na cabeça por pouco. Quando o carro é posto em movimento e faz um barulho tipo apito, é sintoma de que a pessoa está fazendo muito escândalo para se lançar em coisas novas. Já barulho na janela quer dizer que a pessoa está preocupada em ver as coisas com negatividade. Quando o barulho irrita, é porque é uma projeção dos próprios barulhos. Carro que apresenta barulhos mostra que a pessoa tem muitas resistências, faz barulho por qualquer coisinha que lhe acontece, quando já pode agir de outro modo, sem barulho, mas não age. Fica falando do que aconteceu, brigando com o fato e fazendo coisas que já podia resolver de jeito mais ameno, sem tanto barulho, e não resolve. O que é barulho do comportamento? É ficar dando trela para uma coisa que sabe que não vai levar a nada, que também não resolve o que precisa resolver e fica fazendo muito barulho.

Batentes — Há os batentes de amortecedores e os de suspensão, sendo que a função deles é amortecer o impacto do carro quando passa sobre um buraco ou circula por asfalto irregular, desgastado e que apresenta erosões.

Representa sua flexibilidade para enfrentar os problemas do dia a dia, seu jogo de cintura e seu poder criativo e improvisador.

Bateria — Fornece a energia elétrica que todo carro necessita para seu funcionamento. Recebe do alternador a energia elétrica que a recarrega. É o ponto de energia do carro para pô-lo em movimento; é ela que aciona o motor de arranque para a partida do motor do carro e ao mesmo tempo alimenta o sistema de ignição. Além de acionar o motor, é com a energia fornecida por ela que se acendem os faróis, se liga o limpador de para-brisa, se aciona a buzina, o rádio e outros equipamentos elétricos secundários.

A bateria é também chamada de acumulador, já que a energia mecânica recebida do motor fica armazenada nela para ser usada instantaneamente. Quando é dada a partida (acionada a chave de ignição), a bateria se descarrega e o alternador a supre de corrente elétrica para a necessária recarga. Ela é composta de placas metálicas e de uma solução de água mais ácido sulfúrico para seu funcionamento.

Representa o entusiasmo ou o contentamento da pessoa pelas coisas que faz. Quando a bateria está descarregada, ou seja, não tem capacidade de gerar energia, significa que a pessoa está desanimada, com falta de energia para fazer as coisas.

Bitola — É a largura dos eixos dianteiros e traseiros, sendo que a função é dar estabilidade ao carro. Quanto menor a bitola, menos estabilidade o carro tem; e quanto maior ela for, maior é a estabilidade.

Representa sua capacidade de impor suas opiniões para os outros e fazer valer seus direitos diante de situações inseguras. Quanto maior é sua capacidade de confrontar os outros, maior é sua estabilidade emocional.

Bobina – É um componente do sistema de ignição que aciona a partida no carro. Apresenta formato cilíndrico parecido com uma mamadeira. Ela compõe, junto com o distribuidor e as velas, o sistema de ignição do carro. É ligada por meio de cabos à chave de ignição (de partida) e ao distribuidor, sendo alimentada pela bateria. Com essa alimentação, produz um impulso de alta voltagem necessário para a formação da faísca que, ao sair da vela de ignição, provoca um calor interno no motor e o coloca para funcionar. Tem por função aumentar a voltagem da corrente da bateria, pois com esse aumento é possível produzir a faísca na vela.

Representa os pensamentos positivos que apoiam sua motivação para fazer o que você quer e seu consentimento em levar adiante suas decisões.

Bomba d'água – É a peça que faz a circulação de água no motor e serve para refrigerá-lo.

Representa a capacidade de sustentar suas atitudes otimistas. Fazendo uma relação com o corpo, a bomba é o coração e a água é o líquido da vida. Quando essa peça apresenta defeito, mostra que há opressão, ansiedade, medo e expectativas catastróficas, falta de sentimento de paz, de não estar centrado em si. A pessoa crê tanto na catástrofe que ela acaba acontecendo.

Bomba de combustível – Serve para puxar o combustível do tanque para o funcionamento do motor. Ela pode ser mecânica ou elétrica, tendo como função enviar combustível ao carburador. As do tipo elétrico são montadas na parte traseira do carro, dentro do porta-malas e próximas ao tanque. As bombas mecânicas são acionadas pelo motor, enquanto as elétricas, pela bateria.

Mentalmente, representa a habilidade de manter-se nas situações e preservar as próprias conquistas. Agir usando suas vivências passadas e persistir em seus intentos. Quando ela quebra, é porque estamos negando nosso poder de persistência.

Bomba de óleo – A função é fazer a lubrificação do motor.

Representa nossa capacidade de facilitar as coisas. A simplicidade e a habilidade de fazer as coisas de nosso jeito. Não importa se seu jeito natural é mais duro e direto ou maneiroso e político.

Se o motor de seu carro não está sendo lubrificado apropriadamente, é porque você não quer agir com sua costumeira habilidade.

Breque — Ver Freio.

Buchas — Peças que fazem parte do sistema de suspensão do carro e que têm como função eliminar os ruídos que poderiam advir do movimento do carro. Quando danificadas, o carro faz muito barulho.

Representam sua habilidade de fazer as coisas de forma rápida e objetiva, sem muitas frescuras, mantendo-se na sua sem dar muita bola para a torcida.

Buzina — Serve para chamar a atenção, é um alerta.

É a capacidade de colocar os outros em seus devidos lugares. Quando não funciona, é porque a pessoa está negando o próprio poder de expressão, não está se expressando e se posicionando do modo que já sabe.

Cabeçote — No motor, é a parte superior deste, visível quando se abre o capô do carro. É feito de ferro ou liga de alumínio, no qual se encontram as câmaras de compressão ou de combustão. Ele, juntamente com o pistão, dá potência ao motor, fazendo com que o carro ande. Quando apresenta defeito, pode, dependendo da intensidade do problema, superaquecer o motor e, no pior dos casos, fundi-lo.

Representa sua capacidade de proteger-se diante de fortes pressões sociais.

O superaquecimento é a raiva em resposta às pressões a que você mesmo se impõe para ter um desempenho que sua vaidade considera brilhante.

Fundir o motor representa o fracasso diante das superexpectativas vaidosas.

Cabo de embreagem — Faz o engate das marchas do carro e serve para sair com o carro em movimento. Quando quebrado, não é possível mover o carro.

Representa a disponibilidade para fazer mudanças na vida sem ligar para os outros. Se você não está disposto a fluir com as mudanças do dia a dia, você irá criar resistências e esta energia irá quebrar o cabo de embreagem ou mesmo o pedal.

Caixa de direção — Está situada embaixo do volante do carro e tem como função manobrar o veículo para a esquerda e para a direita.

Representa a capacidade de seguir de acordo com suas próprias decisões.

Caixa de fusíveis — Localizada na parte interna do carro, serve como proteção da instalação elétrica no caso de algum curto-circuito.

Representa a capacidade da pessoa de moderar as próprias capacidades. Sempre que queima um fusível, é porque estamos nos fazendo de coitados e impotentes, e isto é mentira.

Câmbio — A função dele é movimentar o carro e mudar o ritmo de velocidade e, para tanto, ele apresenta etapas de velocidade através das marchas.

Ele representa a capacidade de mudar de atitude de acordo com as situações. As marchas existentes (da primeira marcha à quinta e a ré) representam as etapas de desempenho de uma pessoa para alcançar o objetivo que quer. Marcha é mudança. A redução das marchas representa a habilidade de esperar o tempo certo para as coisas se ajustarem. O ponto morto é a habilidade de parar e pensar para agir com inteligência. A marcha à ré é a capacidade de voltar atrás para se ajustar à realidade. Quando o câmbio está com defeito, não está engatando as marchas adequadamente, significa que a pessoa está desrespeitando as etapas da vida, muitas vezes querendo queimá-las. Quando a primeira marcha apresenta problema, a pessoa está negando a vontade e também a coragem de mudar. Na marcha lenta, quando o carro morre, significa desrespeito ao ritmo médio de atividade. Cada um tem seu próprio ritmo e pique, uns mais acelerados que outros.

Canais de lubrificação – É por onde passa o óleo que sai do cárter para o motor e, após chegar neste, retorna ao cárter para fazer novamente a operação. A lubrificação funciona como uma proteção do motor, pois sem ela as peças que compõem o motor sofreriam um superaquecimento. O óleo também protege as peças do motor do atrito que sofrem quando ele é posto para funcionar e as previne contra ferrugem.

É, portanto, do ponto de vista mental, um representante da boa vontade. A boa vontade, ou o interesse pelas coisas da vida, está sempre tornando tudo mais fácil e jamais se cansa de nos motivar.

Capô – É a cobertura metálica, parte da lataria do carro que serve para proteger o motor e também o porta-malas. Pode-se dizer que é o "tampão" do motor e do porta-malas.

Representa a capacidade de assumir e defender os próprios pontos de vista.

Capota — É a parte superior da estrutura metálica (lataria) do carro e que serve como cobertura e proteção para os passageiros.

É a capacidade de assumir e defender os próprios valores espirituais.

Carburador — Junto com o tanque e a bomba de gasolina, forma a unidade vital para o funcionamento do motor. Ele faz o combustível se misturar na proporção adequada com o ar para garantir o perfeito funcionamento do motor sob as mais diversas solicitações de velocidade e força. É a peça responsável por injetar combustível no motor; selecionar, depurar. O cabo do acelerador comanda o carburador para colocar o carro na aceleração desejada. Ao apresentar defeito, o carro falha, morre e há aumento do consumo de combustível.

Representa a capacidade de aceitar as situações da vida, a capacidade da pessoa de digerir positivamente o que vê e o que faz. Quando o carburador dá problema, significa que a pessoa está negando o próprio amor e afeto. A pessoa é vaidosa e se incomoda com a crítica dos outros. Não está selecionando bem as coisas na vida e não se deixa ir para a frente. Tem ideias de crítica e cobrança que tiram a liberdade de ação.

Carro não anda — O andar é a capacidade de circulação, de ser você mesmo. Não andar significa limitar esta liberdade.

Carroceria — Nos carros de passeio, é a estrutura feita de chapa metálica do carro. Sua função é alojar passageiros, malas, ferramentas e acessórios.

Representa nossa individualidade, como a pele do corpo. Quando amassada, é porque nós nos amassamos, nos constrangemos, nos empurramos para dentro. Ou arranhada, quando nos machucamos com pequenas coisas que os outros nos fazem, mesmo quando poderíamos ter tirado de letra.

Cárter — Faz parte do sistema de lubrificação do carro. É o depósito de óleo que vai para o motor. Ele sustenta a bomba de óleo para lubrificar o motor. O óleo é impelido do cárter para o motor por meio de uma bomba.

Representa sua reserva de confiança na vida para lidar com os outros. Há sempre um modo de se conversar...

Catalisador — Nos carros modernos é um dispositivo ligado ao cano de escapamento que impede a saída de monóxido de carbono.

É a capacidade de ser sincero e agir sem malícia.

Chassi – Hoje em dia os carros são fabricados em sistema monobloco e não mais em chassi, como antigamente. Este ficou restrito a veículos de carga. O chassi é a estrutura de aço sobre a qual é montada toda a carroceria do carro. Já o monobloco é uma plataforma moldada ligada à carroceria do carro, que engloba a carroceria inteira e onde se fixam a suspensão dianteira, a traseira e o motor.

Representa seus valores morais, aos quais você baseia suas atitudes, sua dignidade moral. Quando ela se rompe, como nos desastres, é o que você está fazendo consigo, indo contra seus valores morais e se arrebentando todo.

Chave – Antes havia uma chave para abrir o tanque de combustível, outra para portas e porta-malas e uma terceira para a ignição (para dar partida no carro). Hoje há uma única chave que acessa tudo isso.

Chave representa a capacidade de se manter centrado em si mesmo, ou seja, é a habilidade de permitir ou não que nossas vontades possam ir avante.

Choque elétrico – Nas portas ou nas maçanetas significa que a pessoa está com ciúmes, que quer desviar a atenção de algo que ainda não resolveu.

Cinto de segurança – É um dispositivo de segurança que protege motorista e passageiros contra impactos nos casos de colisões, capotagem ou qualquer outro tipo de acidente.

Mentalmente, é a capacidade de se proteger com a costumeira prudência. Não gostar de usá-lo significa ser rebelde e gostar de fazer o que quer sem a devida prudência.

Cinzeiro – Instalado no console do carro, é utilizado para depositar cinzas e apagar cigarros.

Representa nossa capacidade de separar o bom do ruim.

Colisões – Bater o carro tem o significado de agressão e sofrer uma colisão quando não se é o responsável é se deixar agredir.

A batida de frente é chocar-se com os outros, é enfrentar agressivamente alguma situação.

Batidas na parte traseira representam ofender-se com o que já passou.

Receber uma batida na porta do passageiro é se deixar culpar e aceitar culpas e condenações.

Batida traseira com o carro parado é pegar carga dos outros, pegar o problema de alguém, se deixar abalar com o problema de alguém. A pessoa é destrambelhada, problemática, agressiva e cai em cima e você deixa, quando tem condições de tirar de letra as aporrinhações dela.

Quando a batida é na parte traseira, é ser atingido por alguma coisa que joga em cima de você um monte de agressividade e você pega. Vamos imaginar que um caminhão bateu, ou seja, algo grande. É só olhar à sua volta que você vai perceber quem está fazendo isso e você está deixando. O outro joga tudo em cima e infelizmente você pega e se ofende quando está acostumado a saber que ele é chegado em fazer dramas, é dramático.

Atropelamento é quando você quer assumir responsabilidade pelas irresponsabilidades dos outros, ou seja, se mete a querer fazer justiça, acobertando os que se fazem de coitados, e arruma encrenca para si.

Coluna de direção — É onde se fixa a barra de direção do carro para o movimento deste. Nela estão fixadas a chave de seta, o pisca-alerta e a chave que aciona o limpador do para-brisa.

Representa sua capacidade de manter-se no controle e dirigir-se por seus valores.

Coluna de porta — Faz parte da estrutura do carro, tendo como função a fixação das portas no monobloco.

Representa a sustentação de seu autorrespeito.

Combustível — Álcool, gasolina ou diesel, que se utiliza para produzir combustão no motor. A combustão é a queima de substâncias que são propícias a queimar, a produzir calor e que põem o motor para funcionar. O gasto excessivo com combustível pode estar relacionado com carburador sujo e velas gastas. O combustível significa energia. É como a pessoa se nutre na vida, ou usa sua fé. A fé é o combustível que faz com que nossas ideias se tornem reais. A malícia nos leva a uma perda de fé positiva ou a uma fé no mal. E isso mina nossas forças positivas, o que pode ser expresso por perda de combustível.

Correia — Ligada ao ventilador do carro, ela transmite a rotação do motor para uma peça central do alternador (ou dínamo) chamada rotor.

Representa nossa capacidade de agir prontamente, de sermos espertos.

Desembaçador de vidros — Parecem-se com janelinhas gradeadas situadas tanto na parte central como nas laterais do painel do carro.

Há também os desembaçadores situados na proximidade do vidro traseiro, só que com formato diferente. Por estas aberturas sai ar quente que tira o embaçamento dos vidros.

Representa nossa capacidade de ver claramente as situações complicadas. Quando quebra, significa que estamos embaçando nossa visão com preconceitos e falsos valores. É como o limpador de para-brisa.

Diafragma – É a membrana da bomba injetora de combustível. O diafragma do carburador dá injeção de combustível para o carro ser movimentado.

É a confiança em si e a capacidade de autogerenciamento, ou o amor e a consideração que se dá a si mesmo.

Diferencial – Peça que faz parte do sistema de transmissão, composta de engrenagens de tipos e tamanhos diversos que possibilitam o movimento independente das rodas. Esse movimento é indispensável para o carro trafegar em diversas direções e condições de superfície, como buracos, lama, areia, ondulações. O diferencial é o responsável pela roda do lado de fora percorrer uma distância maior que a roda do lado de dentro quando o carro faz uma curva.

Representa nossa habilidade de lidar com nossos relacionamentos, nossos valores éticos. Se você se desviar muito de seu melhor, provavelmente poderá quebrar o sistema com terríveis acidentes.

Dínamo — Ver Alternador.

Direção — É um conjunto de peças e mecanismos que serve para conduzir, direcionar o carro para qualquer lado e para onde se quer. Este conjunto é composto, entre outras coisas, pelo volante e por uma unidade que capacita o movimento lateral das rodas obedecendo à rotação do volante. Quer dizer, ao mesmo tempo que gira a direção do carro, há uma outra unidade que gira junto. O sistema hidráulico de direção é composto por uma bomba hidráulica, um reservatório de óleo, caixa de direção e tubulações de alta pressão e de retorno. A direção hidráulica possibilita manobrar o carro com mais facilidade do que a direção mecânica, que é mais dura.

A direção representa o poder que a pessoa tem de guiar-se pelos valores dela, exercendo assim o próprio arbítrio. Quando a direção está desalinhada, significa que a pessoa está com dificuldade de dizer "não", mas não consegue admitir isso. Quer dizer "não", mas ao mesmo tempo se breca.

Disco de freio – É uma chapa metalizada de formato chato e circular que tem como função, juntamente com as pastilhas, frear o carro quando este está em movimento. Ao frear, as pastilhas existentes nos eixos das rodas se fecham e travam os discos.

Representa a capacidade de se frear para fazer o que se quer sem ser afobado ou fora do tempo. Para tudo devemos ter uma noção de como usar nosso entusiasmo e precisamos freá-lo para dosá-lo. Se formos impacientes ou se tivermos excesso de medo, podemos danificá-lo.

Distribuidor – Faz parte, junto com a bobina e as velas, do sistema de ignição, que é o responsável por produzir uma centelha para inflamar a mistura enviada pelo carburador à câmara de combustão. É por onde passa a corrente elétrica para as velas para que o motor funcione.

Representam nossos nervos ou como emitimos ações no mundo, ou seja, a capacidade de deliberar o que fazer. Se não estamos fazendo o que poderíamos em uma determinada situação, então estamos cortando a corrente.

Dobradiças — Peças flexíveis de metal que têm como função fixar as portas do carro no monobloco.

Representam a flexibilidade de sair ou de entrar em sua vida íntima.

Dublê — É carro roubado, no qual a cor, os números de placa e de chassi foram adulterados para se fazer passar pelo original produzido pela fábrica.

Representa nossa vaidade e falsidade. Se nos enganamos, por certo, seremos enganados.

Econômetro — Mostrador que indica o consumo de combustível e que está situado no painel do carro. Conhecido como marcador de combustível.

Problemas com ele, como não marcar a quantidade exata de combustível no tanque, têm a ver com a pessoa não perceber, não avaliar como está usando seu potencial. Está voltada para criticar o próprio desempenho com relação ao uso do tempo que tem. É a pessoa que está se alienando, parando de observar seus critérios e não usando as próprias experiências.

Eixo de rodas — É onde se fixa o aro de roda. O aro é a parte metálica onde se fixa o pneu.

O eixo é uma barra em formato roliço que sustenta os aros das rodas dianteiras e traseiras, dando estabilidade ao carro. Eixo quebrado significa que a pessoa está fazendo dramas na vida e exagerando as coisas. Quando um eixo quebra porque o carro caiu num buraco, significa que a pessoa é dramática e exagerada e age assim na sua vida.

Ejetor de lavador de vidro — Orifício situado no capô do carro e também próximo ao vidro traseiro e por onde sai um jato de água para limpar a sujeira dos vidros e permitir boa visibilidade ao motorista. A água sai quando é acionada a alavanca do limpador de para-brisa, situada perto do volante.

Representa nosso senso prático para ver com clareza os fatos da vida e nossa capacidade de ver tudo com olhos otimistas. Quando quebra, é como o para-brisa: é ver como problemático algo que pode ser visto com otimismo.

Embreagem — Dispositivo instalado entre o motor e o câmbio e que permite ligar e desligar o motor da transmissão por intermédio de discos de fricção. A embreagem é composta por platô, discos, rolamentos, cabo e pedal. Essas peças servem para engatar as marchas e pôr o carro em movimento. Quando o cabo da embreagem se quebra, não é possível engatar as marchas. Do ponto de vista emocional, essa peça representa a capacidade da pessoa de aceitar as mudanças da vida.

Enfeites – São detalhes estéticos que revelam asseio com a aparência.

Escapamento – Uma espécie de cano situado embaixo do carro e que tem como função eliminar os gases queimados pela combustão, reduzir os ruídos causados pelo processo de combustão e também eliminar os ruídos do motor.

Do ponto de vista emocional, representa a capacidade de eliminar o que já não é mais necessário, velhas ideias e lembranças amargas que devem se evaporar. Quando esta peça apresenta problema, é porque a pessoa quer segurar o que não serve mais em vez de jogar fora. Ela tem resistências para jogar fora as coisas que não servem mais e faz um barulhão por pouco, assim como o carro sem escapamento.

Espelho – Os espelhos retrovisores interno e externo servem para o motorista olhar o que está atrás dele, esteja ele andando no trânsito ou fazendo manobras.

Espelho retrovisor caindo é sinal de que a pessoa não encara a realidade a seu redor para saber o que fazer. Este comportamento é típico dos mimados.

Estofamento — Na parte interna, o estofamento é feito de espuma e molas e, na parte externa, revestido de tecidos que combinam com o restante da forração do carro. O estofamento funciona como embelezamento do carro e como conforto ao usuário.

O estofamento representa o conforto de ser quem você é. Danificá-lo significa que você está se criticando e não gostando de você.

Extintor de incêndio — Dispositivo em formato cilíndrico e na cor vermelha situado em suporte de alumínio abaixo do assento do motorista. É item de segurança contra incêndio.

Representa a capacidade de se conter diante da agressividade sua e dos outros. Seu jeito de pôr os panos quentes.

Falha em ladeira — Carro falha ao subir uma ladeira e do ponto de vista mecânico pode ser porque está com carburador sujo ou a embreagem está patinando.

A pessoa não está se dando força, ou seja, nega sua necessidade de se esforçar para seguir em frente quando já tem condições de fazê-lo. É conhecido como ataque de mimo ou chilique.

Faróis — Compõem a parte elétrica do carro, sendo dotados de lâmpadas suficientemente fortes para clarear o caminho durante a noite. Em chuva e neblina, os faróis baixos servem como alerta para os outros carros tomarem cuidado.

De modo geral, os faróis representam a confiança em si e em Deus, porque dizem respeito a ver no escuro, ou seja, o futuro. Os faróis altos representam fé no futuro, confiança no progresso; e os de neblina significam confiança nos momentos difíceis.

Os faróis baixos significam saber ver o presente e, quando estão queimados, a pessoa não quer ver o presente, só o futuro.

A alavanca que controla os faróis, situada próxima ao volante, representa a habilidade de manejar a própria fé diante do desconhecido.

Fechaduras — São para abrir e fechar as portas e o porta-malas do carro.

Significam a segurança da pessoa em manter-se em qualquer ambiente ou situação, isto é, quando temos que nos fechar ou nos abrir. Se perdemos as chaves, é porque nos perdemos; se a fechadura emperra, é porque resistimos a nos abrir ou fechar, dependendo do caso.

Às vezes, a fechadura só abre por fora, ou seja, você só se abre se os outros permitirem e nega seu próprio poder de decidir.

Ferrugem – É o óxido formado na chapa do carro.

Está relacionado com ferida, agressão. A ferrugem é o medo de ser você mesmo, de ser único e, com isso, ficar vulnerável às críticas. Quando surge no carro, significa que a pessoa está se deixando corroer pela opinião dos outros e de si mesma e está negando a própria individualidade.

Fiação – São os fios que levam a eletricidade para acionar faróis, buzina, luz interna e outros acessórios.

Representa os meios de expressão. Se eles entram em curto-circuito, é porque você está se bloqueando, não diz o que tem a dizer e guarda muita raiva (sobrecarga).

Filtro de ar – É um aro com borda de metal e revestimento de papel que filtra e segura a sujeira, a poluição do ar, para que esta não entre no motor. Situado dentro do carburador.

Representa nossa capacidade de encontrar ou improvisar alternativas para enfrentar nossos problemas afetivos.

Filtro de combustível — Cilindro de plástico que filtra o próprio combustível para eliminar sujeira existente nele, não afetando o motor.

Representa nossa capacidade de encontrar ou improvisar alternativas para confrontar os imprevistos do dia a dia.

Filtro de óleo — Filtra a sujeira do óleo e ajuda na lubrificação do motor.

Representa nossa capacidade de encontrar ou improvisar alternativas em cada situação social, conhecida como traquejo social.

Forração — Forrar teto, laterais, piso e porta-malas é embelezamento e conforto da carroceria interna do carro. É o acabamento da lataria interna, parte feito de carpete, borracha e plástico.

Representa o conforto ou prazer de ser você mesmo diante dos outros. Quando você se deixa sem graça, você pode danificar seu conforto!

Freios — Os freios, ou breques, dianteiros e traseiros podem ser hidráulicos ou de tambor, tendo como função segurar as rodas do carro.

Eles são responsáveis por parar o carro quando está em movimento e reduzir sua velocidade. O freio traseiro acumula a função de manter o carro parado, pois nele se encontra montada parte dos dispositivos dos freios de estacionamento. Entre outros componentes, fazem parte da frenagem do carro as pastilhas, as lonas, os discos e os freios de pé e mão. Para frear o carro, usa-se o freio a tambor e o freio a disco. O freio a disco é instalado apenas nas rodas dianteiras, sendo composto de um disco de aço (parecido com um disco de vinil) que gira junto com a roda e é envolvido por uma carcaça que tem um bloco de atrito de cada lado, tendo cada um destes blocos um cilindro hidráulico. Quando se pisa no pedal do freio, acionam-se as pastilhas, que se fecham e travam os discos e lonas. A função dos freios é parar o carro. Existe um cilindro mestre, outro componente do sistema de frenagem, que freia as quatro rodas. O freio de mão freia as rodas traseiras e serve para estacionar e segurar o carro quando ele está parado em terreno plano ou em ladeira.

O freio representa a capacidade de dizer "não" com precisão. Quando ele não funciona, é porque a pessoa está persistindo num padrão velho quando já sabe fazer algo melhor. Quando faz barulho para brecar, é porque a pessoa não está sabendo dizer "não" e está fazendo drama com isso. Faz parte do sistema de manutenção dos freios o óleo, que no aspecto mental representa a flexibilidade. As pastilhas de freio são o poder de sustentar um "não" que a pessoa sente que deve manter.

Fusíveis – Ver Caixa de fusíveis.

Gasto com combustível – Quando o carro está gastando combustível além dos padrões normais especificados pelo fabricante, está com gasto excessivo.

Do ponto de vista metafísico, significa que a pessoa está preocupada em ser boazinha, agradando os outros só por educação, e gasta muita energia por pouco.

Gatilho – Nos carros mais antigos, o gatilho da fechadura é a parte do trinco que é puxada para abrir o carro. É como um puxador do trinco.

Representa a segurança em nos mantermos firmes em nossos propósitos.

Hodômetro – Situado no painel, é o dispositivo que marca a temperatura do motor e alerta quando há aquecimento. Ele tem linhas de marcação mostrando se o motor está aquecido dentro do normal ou se ultrapassou a normalidade e está superaquecido.

O superaquecimento é o excesso de raiva diante de situações que se pode contornar de outra maneira. Quando não se quer ter consciência do próprio ódio, o mostrador para de funcionar.

Ignição eletrônica – O sistema de ignição é o conjunto de movimentos mecânicos do motor que aciona um sistema elétrico e tem a função de provocar a faísca nas velas, que por sua vez explode o combustível comprimido no cilindro, assim impulsionando o pistão em sentido contrário. Esse sistema é composto por distribuidor, bobina e caixa impulsora. Em suma, a ignição dá corrente ao sistema todo para acionar o motor.

Representa nossa capacidade de fazer o que gostamos e, assim, nos autorrealizarmos.

Injetor de gasolina – Ou injetor de partida fria, é existente em carros cujo combustível é o álcool. Serve para injetar gasolina no motor quando este está frio.

Representa a capacidade da pessoa de colocar as ideias dela na prática.

Injetor para lavagem do para-brisa – É um orifício próximo do vidro dianteiro ou traseiro por onde sai um jato de água que é acionado por uma alavanca perto do volante do carro. Tem a função de lavar o vidro, possibilitando uma visão mais nítida ao motorista e aos passageiros.

Representa o mesmo que o desembaçador e o para-brisa.

Janelas — São para visibilidade e circulação de ar.

A janela é a visão que a pessoa tem das coisas. Ela está relacionada com a capacidade da pessoa de olhar e analisar as condições das situações ao redor dela. As janelas dianteiras representam as situações do presente, enquanto as de trás estão relacionadas com as situações vividas em um passado próximo. Os vidros da frente estão associados às situações de um futuro imediato e os de trás às de um passado longínquo. Ruído na janela demonstra preocupação e ocorre quando você está fazendo muito ruído mental ou dramatização com as coisas que está vendo.

Juntas — O jogo de juntas do motor serve para tampar vazamento tanto de água como de óleo do motor.

Se criar vazamento, é porque você está perdendo tempo e energia com o que não é necessário. Isso nós fazemos quando queremos desviar a atenção de algo que nos ameaça e com o que tememos entrar em contato. Por isso, fugimos e nos desviamos criando desvios (ou vazamentos) nos condutores do carro.

Lanternas — Dianteiras e traseiras, fazem com que o carro seja visto à noite ou mostra sua presença aos outros.

As dianteiras representam a capacidade da pessoa de assumir a responsabilidade diante das ações praticadas no presente; as traseiras representam a capacidade de assumir responsabilidade diante das ações praticadas no passado. Quando queimadas, a pessoa não se permite expressar-se autenticamente para os outros, não quer ser vista como má e está escondendo seus reais sentimentos.

Lataria — Compõe toda a estrutura do carro. Representa a individualidade, tal qual a pele em nosso corpo. Quando o carro apresenta alguns pequenos amassados, significa que a pessoa se irrita com tudo, com pequenas coisas. É daquela que fica magoada com qualquer palavra que lhe é dita.

Laterais — As laterais compõem a estrutura do carro e são consideradas acabamentos e embelezamento por fazerem parte do desenho aerodinâmico do carro.

A lateral direita é a capacidade da pessoa de assumir e defender o seu modo de agir. A lateral esquerda é a capacidade de assumir e defender o modo de sentir as coisas.

Limpador de para-brisa e/ou limpador do vidro traseiro — São dotados de uma espécie de braço, chamado palheta, com uma camada de borracha que permite a limpeza dos vidros.

Representam a clareza para ver o que está à frente ou a coragem e calma para enfrentar situações difíceis.

Lonas — Junto com as pastilhas e os discos, servem para frear o carro. As lonas são feitas de um tipo de tecido resistente que sofre um tratamento à base de látex para fazer parte do sistema de frenagem do carro.

Representa nossa coragem para enfrentar as negativas da vida. Ouvir um "não" e não desanimar necessita de coragem e firmeza.

Longarina — É a parte da estrutura do carro que dá o alinhamento nas rodas.

Quando nos alinhamos, é porque sabemos ficar na nossa e respeitar nossos limites. Mas, se nos desrespeitamos, saímos do nosso eixo e nos desalinhamos.

Luzes – Faróis e lanternas que são as luzes externas do carro.

Representam a capacidade da pessoa de lidar com as regras sociais e com os outros.

Luzes do alarme – Quando se acendem no painel, mostram que a pessoa está em alerta, assustada e vendo perigo onde não existem. Interpretações falsas podem incomodar.

No painel, há ainda a luz de advertência do óleo do motor, que, quando acesa com o motor funcionando, mostra irregularidade em seu funcionamento. Essa luz só acende quando é dada a partida no carro e, em seguida, se apaga. A luz do óleo é a consciência da própria flexibilidade e de seu jeito para certas coisas.

Luzes de controle que apontam irregularidades são a consciência de sua saúde e das necessidades de cuidados.

Luzes de advertência – Ver Pisca-alerta.

Luzes de cortesia – Representam a capacidade de ter ideias próprias.

Luzes pisca-pisca – São nossa necessidade de dar referenciais para que os outros saibam o que vamos fazer e não se surpreenderem conosco. Necessitamos nos colocar e dizer o que queremos e pensamos, para que os outros saibam e nos respeitem.

Luz da ré (ou do breque) – Com problemas, significa que a pessoa está tendo dificuldade de apagar o passado ou está negando a capacidade de esquecer os outros ou alguém em especial.

Macaco – Acessório que possibilita suspender o carro para a troca de pneus. Normalmente está situado no porta-malas do carro, próximo ao pneu de reserva.

Representa sua capacidade de se renovar diante dos imprevistos e das desgraças.

Maçanetas – A função é dar acesso ao lado de dentro e de fora do carro.

Representa flexibilidade para sair das situações e entrar nelas. A queda da maçaneta significa que a pessoa está se negando a olhar os dois lados de alguma coisa e está se sufocando dentro de uma situação conflitante, quando poderia parar de se forçar a tomar decisões das quais ainda não está pronta. Quando a maçaneta dá choque, é devido ao ciúme que a pessoa sente e quer desviar a atenção de algo que ainda não resolveu.

Ao enguiçar a maçaneta do lado do motorista, permitindo o acesso ao carro somente pelo lado do passageiro, pode significar que a pessoa não está querendo assumir seu jeito de ser e imitando alguém a seu lado.

No caso de o carro ser usado por um casal em vez de por só pessoa, significa que a mulher está rejeitando o marido, está chateada com ele. A porta é entrada e saída de coisas em nós, é entrada e saída psicológica. O enguiço da maçaneta do lado do motorista pode também significar que o outro tem que entrar na sua, senão não entra. Quer dizer: ou entra na sua ou não entra. Você está querendo que o outro entre na sua pelo seu lado, pelo seu jeito, pelo seu caminho e não deixando que ele entre pelo caminho dele.

Marcador de combustível — Ver Econômetro.

Medidor de combustível — Serve para indicar a quantidade de combustível existente no tanque.

É a consciência do uso dos potenciais que tem. Enguiça sempre que você se recusa a ver a quantas você anda. Comum em pessoas com crise de heroísmo ou que querem ser o Atlas, aquele que segura o mundo nas costas.

Medidor de temperatura — Instalado no painel do carro, mostra se o motor está funcionando na temperatura desejada.

Representa a consciência das próprias emoções. Se enguiça, é porque nos recusamos a ficar conscientes de nossas reais emoções.

Monobloco — Com esse nome se designa a plataforma moldada ligada à carroceria do carro. O sistema monobloco substituiu o chassi, que ficou restrito a veículos de carga. Ver Chassi.

Motor — É um conjunto de peças que dá potência ao carro para que ele ande; é a quantidade de força que o carro tem. A desregulagem do motor está relacionada no corpo com o metabolismo e, portanto, com o sistema endócrino. Quando o carro morre, é porque há desânimo, negatividade covardia. Quando ele está acelerado, é porque há ansiedade; e por esperar tanto que as coisas aconteçam, a pessoa acaba se desanimando. Fundir o motor significa estresse. O motor está relacionado com o coração. Quando ele funde, está demonstrando a insatisfação, o desprazer de viver. A pessoa se sente na obrigação de assumir posições que não estão dentro de seu melhor, que é seguir o que gosta e do jeito que gosta de fazer.

Motor fundido é negação do contentamento, da satisfação, e esquecimento de viver os prazeres da vida. É deixar sua vida mudar e perder seu costumeiro prazer de fazer as coisas ou mesmo se recusar a se adaptar às novas fases da vida, considerando mais vantagens que desvantagens.

Motor de arranque — A fonte de energia desse motor de partida ou de arranque é a eletricidade. É ele que, inicialmente, impulsiona o conjunto de peças necessárias ao funcionamento de um motor de explosão, como é o do carro. Representa a capacidade da pessoa de sustentar os seus impulsos de ação. É assumir sua curiosidade, sua sensualidade, sua capacidade de domínio, sua habilidade de fazer as coisas com tesão, ou sua presença ou o prazer de ser desinibida.

Painel — Percepção do que ocorre no carro. Do ponto de vista emocional, representa a percepção do que está ocorrendo conosco, pois é o equivalente à consciência em nós. É a capacidade de tomar consciência do que faz. Quando há problema no painel, significa que há autocondenação, você não quer ver o que está errado consigo porque teme sua punição.

Para-brisa — Vidro fixo colocado na parte dianteira do carro que assegura visibilidade e protege contra vento e poeira. Pode-se dizer que é a grande janela por onde o motorista olha e permite conduzir o carro com segurança.

Representa seu contato com a realidade, como você enxerga e reage ao que vai se passando em sua vida. Se temos uma visão que não afeta nosso otimismo, então tudo vai bem; mas, se nos deixamos afetar pelos outros, logo uma pedra irá espatifar o para-brisa.

Para-choque — Faz parte da carroceria, compondo o acabamento do carro. A função é amortecer possíveis impactos. Nos carros mais antigos era de metal, e nos mais modernos é uma peça de poliuretano preto.

O dianteiro representa sua firmeza em confrontar as pessoas, expressando-se com sinceridade.

O traseiro representa sua firmeza em aceitar quando os outros o confrontam com a sinceridade deles.

Serve para saber receber os impactos da vida com firmeza.

Para-lama – Parte recurvada da carroceria do carro. Está situada por cima das rodas do veículo para protegê-lo de respingos, água ou detritos quando ele está em movimento.

Representa a capacidade da pessoa de ser ela mesma, se posicionando com relação ao que considera verdadeiro e se defendendo das críticas (lama) dos outros sem dar importância a elas.

Para-sol – Também chamado de quebra-sol, está situado na parte interna, acima do para-brisa, e é usado para evitar que o sol atrapalhe a visibilidade do motorista e do passageiro.

Representa a capacidade de dominar as impressões externas.

Pastilhas do freio – São peças de ferro que, acopladas aos discos dianteiros do carro, servem para freá-lo.

É o poder de sustentar o "não" que a pessoa sente que deve manter.

Pedais – Há pedais do breque, do acelerador e da embreagem. Com eles, movimenta-se ou para-se o carro. O pedal do breque fica no meio, o do acelerador à direita, e o da embreagem à esquerda no assoalho. Quando o pedal da embreagem é usado, o motor gira sozinho, não transmitindo energia às rodas. Já ao pressionar o pedal do freio, o fluido do freio é pressionado da tubulação para os cilindros das rodas e força as sapatas contra os tambores, fazendo as rodas pararem.

Esse mecanismo representa o poder de acionar as próprias decisões.

Pintura – É a pele e o embelezamento do carro.

Ela representa a integridade pessoal e, quando danificada, significa que a pessoa está perdendo a expressão de alegria e beleza. Quando há pontos de ferrugem na pintura, significa que a pessoa está se sentindo ameaçada na individualidade e está se deixando ferir pelo mundo por ser muito orgulhosa e suscetível.

Pisca-alerta – Ou luz de advertência, é uma luz externa que fica constantemente piscando quando você aciona o botão para tal. Serve para alertar os demais motoristas de que algo não está dentro da normalidade com o carro.

Representa a capacidade de assumir os erros na frente dos outros.

Pisca de conversão – É uma alavanca situada logo abaixo da direção (volante) do carro e serve para indicar aos demais motoristas para onde você vai manobrar o carro: direita ou esquerda.

O da direita é a capacidade de expressar os sentimentos, e o da esquerda é a capacidade de expressar as opiniões.

Pistão — Tem o formato de um cilindro grosso com uma válvula pendurada nele e que faz diversos movimentos. O número de pistões existentes no motor pode ser quatro ou seis, dependendo da sua potência. Cada pistão produz potência a um tempo alternadamente, ou seja, ora é um que funciona, ora é outro. Cada um deles tem quatro fases de atividade e produz potência a um tempo. Quer dizer, assim que um completa a quarta fase, o seguinte inicia a primeira, e assim sucessivamente. As quatro atividades são os tempos necessários para gerar combustão no motor: tempo de admissão, de compressão, de potência e o de escapamento. Os pistões dão combustão ao motor, sendo uma espécie de compressor que dá potência ao motor.

Representa o prazer de viver e a coragem de ter sentimentos positivos e ser otimista sobre si mesmo. Poderíamos dizer que ele é como o coração bombando vida ou entusiasmo e excitamento.

Pivô — É uma peça que sustenta a suspensão do carro. Quando ela quebra, a roda do carro cai.

Representa a capacidade de nos mantermos dentro de nossos limites, e se não os respeitarmos podemos perder nossa liberdade de ir e vir.

Placa — É uma das identidades do carro; a outra é o número do chassi, que vem impresso na parte interna do carro, próximo ao motor.

Psicologicamente, é o reconhecimento da própria identidade e de seu lugar na sociedade.

Platinado — É uma peça situada dentro do distribuidor e, portanto, faz parte do sistema de ignição. Ele é um dispositivo de motor à gasolina que tem como função interromper subitamente a corrente que atravessa um circuito elétrico que vai das velas para o distribuidor. É chamado de platinado porque as duas peças que se afastam para interromper o circuito são platinadas.

Representa sua capacidade de contornar as dificuldades, desligando-se dos problemas para descansar e se revigorar, para retornar a confrontá-los mais tarde com a cabeça melhor. Quem se preocupa além da conta cria defeitos no platinado.

Platô — Disco dotado de molas compressoras situado na embreagem de discos de fricção. Sua ação transmite força do motor às rodas de tração. Em conjunto com a embreagem, disco e rolamentos, faz a troca das marchas.

Representa nossa habilidade de mudar de velocidade de acordo com as situações, uma espécie de "desconfiômetro" que regula nossa ousadia.

Pneus — São os pés do carro, comparáveis aos pés do corpo físico, uma vez que sustentam todo o peso do carro, assim como nossos pés sustentam o peso do corpo. Como os nossos pés, eles também estão sujeitos a atritos, choques, paradas, arrancadas bruscas e a todas as irregularidades do piso por onde andam. Um dos itens mais importantes para não os desgastar e conseguir maior quilometragem de uso é manter a correta pressão do ar dentro deles. Fazer uma boa calibragem garante segurança e equilíbrio ao carro, bem como conforto, porque se eles estão com ar a mais ou a menos vão trepidar, fazer o carro chacoalhar desnecessariamente. Além disso, a pressão de ar adequada no pneu não prejudica a suspensão do carro nem desgasta as bandas de rodagem dos pneus (as partes laterais com faixas).

Eles representam o contato da pessoa com a realidade. Quando ela nega esta realidade com fantasias, os pneus furam com o carro em movimento. Já quando o carro está parado e os pneus se esvaziam, é porque ela tem ideias do tipo "Tudo é difícil e complicado em minha vida", o que consequentemente causa desânimo ou perda do ar que a anima. É preciso perceber se o comportamento da pessoa está de acordo com o melhor que ela sabe ou se está inventando empecilhos porque teme ir em determinada direção. Os pneus furados representam a negação da própria capacidade de andar. Os dianteiros estão relacionados com a ação e, quando estão furados, é porque a pessoa não está usando a capacidade de ação que já tem, se pondo na posição de impotente.

Quando são os pneus traseiros que estão furados, é porque ela está se negando a caminhar racionalmente e a agir como acredita.

Pneus novos que furam devido à queda em buraco significa que a pessoa tem medo do sucesso; cair em algo é acabar com o próprio apoio.

Bater o pneu na guia significa chocar-se com as exigências sociais.

O estepe é a capacidade do indivíduo de se recompor depois de desgraças.

Quando o pneu estoura, significa crença em empecilhos; é achar que não consegue algo, que não consegue ir porque há algum problema que o impede.

Às vezes, nem há um problema, ele está apenas na sua cabeça, que para e não segue adiante. Outras vezes, você quer dizer um "não" e não diz, põe empecilhos e o pneu vai para o chão. Às vezes, não dizer "não" pode afetar o breque, que emperra, mas, na maior parte das vezes, é no pneu que vai refletir, pois furar pneu é acreditar em empecilho, é ficar parado no meio da rua, cortar seu barato e fazer você chegar atrasado, bagunçar sua vida. É fazer pensamentos de imprevisto, de fantasias catastróficas para não ir para a frente, coisa que você não tem muito hábito, coisa que pode fazer melhor, inclusive com o outro, quer seja marido, filho etc. O empecilho é acreditar em ideias catastróficas sobre o futuro, fuga da realidade e ilusão, então estoura pneu.

Quebra-sol — Ver Para-sol.

Quebra-vento — Uma parte pequena do vidro lateral do carro que serve como auxiliar na diminuição do vento.

Se ele quebrar, significa que você está negando o que tem e sempre necessita da ajuda dos outros.

Rádio/Toca-fitas/CD – Eles representam a alegria de viver. Quando qualquer um deles quebra, é porque estamos cortando nosso barato.

Radiador – Peça que compõe o sistema de refrigeração do carro. Especificamente, serve para a refrigeração do motor.

Capacidade de moderar as emoções, principalmente a raiva.

Refrigeração – O sistema de refrigeração ou arrefecimento pode ser de ar ou água. A maioria dos carros é equipado com motor refrigerado a água. A refrigeração serve para retirar calor do motor gerado principalmente pela queima de combustíveis em seu interior. O sistema de refrigeração consiste no radiador, caixa de expansão, bomba de água, uma válvula termostática e um ventilador acionado automaticamente toda vez que a temperatura do líquido atingir determinado nível (90 graus, em média). No motor, a água se aquece e, para resfriá-la, é levada por tubos ao radiador, onde, pela passagem de ar nos tubos deste, a água retorna resfriada ao motor.

O aumento de temperatura significa que a pessoa está negando sua dose de paciência natural.

Reservatório de água — Tanque de água que fica ao lado do radiador e fornece água para refrigerar o motor.

Representa sua prudência em não criar atritos. Se você está criando caso por nada, seu reservatório está vazando.

Retentor — Há o retentor que elimina o vazamento de óleo do motor e o que elimina o vazamento de graxa das rodas.

Representa sua capacidade de separar o que é ruim, eliminando-o.

Rodas — São aros de metal em que se encaixam os pneus. Esses aros são fixados nos eixos existentes logo abaixo dos para-lamas do carro. As rodas dão sustentação ao carro, já que todo o peso deste fica distribuído em quatro rodas. Dão também segurança e equilíbrio. Aliás, é por causa desses dois fatores que é feito o balanceamento das rodas, pois, quando elas estão fora de equilíbrio, o carro não tem estabilidade. Balancear as rodas é equilibrá-las dando a elas direção e estabilidade seguras. As rodas são balanceadas em máquinas especiais, porque elas e os pneus não têm o mesmo peso em toda a periferia e, para sanar essa irregularidade, é colocado um peso de chumbo do lado mais leve, o que compensa a diferença e permite o equilíbrio das rodas e o desgaste normal dos pneus.

As rodas representam os princípios básicos em que a pessoa apoia sua realidade. O eixo das rodas representa a coerência dos atos e o senso de realidade dela. Quanto mais perfeito o alinhamento, maior é a coesão. As ilusões nos desalinham e as desilusões consequentes nos desequilibram a ponto de nos matar ou de nos tirar a vontade de viver.

Rolamentos — Peças que fazem parte das rodas e do câmbio e que fazem o carro deslizar. Funcionam nas quatro rodas.

Representam sua liberdade de seguir na vida. Se não respeitar sua liberdade, os rolamentos são forçados do jeito que você se força e eles se desgastam.

Rotor — Faz parte do sistema de ignição. Distribui a corrente para as velas.

Representa nossa capacidade de dar o tempo certo para as pessoas e coisas agirem. Nos ansiosos, ele sempre tem problemas.

Roubo — O tipo de roubo está relacionado com o tipo de atitude mental negativa que a pessoa tem para consigo. O tipo de lesão no carro reflete o tipo de lesão que a pessoa está passando por dentro. O carro é a liberdade de ação. O roubo significa que os outros estão tirando a liberdade de ação da pessoa. Significa também que a pessoa não dá valor para si mesma e acredita que só os outros é que têm valor. O roubo é quando a pessoa se deixa invadir e desvalorizar. A pessoa é invadida e desvalorizada quando dá ouvido às críticas que os outros fazem. Ela ouve, se chateia, se deixa afetar quando já tem condições de não dar importância. Ofendida e afetada, tira sua liberdade de fluir. Quer se esconder, com medo de ser ela mesma quando já se tem capacidade de ser. De repente, o carro é roubado porque a pessoa está roubando o seu fluir, a sua espontaneidade, a liberdade de ser ela própria. Pode representar também a dificuldade da pessoa em se locomover e/ou deixar o outro roubar os valores que ela tem. Quando tentam roubar, mas não roubam, significa que a pessoa escuta o que o outro fala, mas reage. Já quando conseguem roubar o carro, é porque a pessoa está dando valor à crítica do outro, está escutando-a e deixando que isso a desvalorize.

A compra de carro roubado significa pessimismo, desvalorização, pensamentos ruins e cheios de censura.

Roubo do rádio e/ou toca-fitas: este aparelho representa o prazer de viver a vida, é a receptividade do mundo como você o vê, é o carinho, o afeto. O rádio e o toca-fitas significam afeto, uma vez que é a música que nos alenta e encanta, nos dá carinho e amor. É um objeto de prazer. O roubo deles representa que a pessoa não só está se permitindo ser invadida pelos outros como está deixando levar uma coisa valiosa que lhe tira o prazer. É assim que nos sentimos com a crítica que tira nosso prazer de fazer as coisas, que desanima.

Roubo do pneu estepe: o estepe significa sua reserva de energia para encarar as situações problemáticas. Quando um pneu estraga, você o troca pelo estepe. Portanto, ele representa sua reserva de energia de condições para enfrentar o impedimento, o imprevisto. Você tem capacidade para enfrentar o imprevisto, mas chega na hora faz drama, diz que não tem paciência, não tem condições e começa a se queixar. Só que você tem, sim, capacidade para enfrentar imprevistos, impedimentos. Acontece que imagina que não tem porque deixa que os outros o desanimem, critiquem e você se sente cansado, abatido, desanimado, sem energia para tocar a situação para a frente, e aí roubam-lhe o estepe.

Sapatas — Peças que compõem o sistema de freio do carro.

Representam o respeito pelos seus direitos e os dos outros.

Sistema elétrico — É o sistema nervoso do carro. Representa as ideias que a pessoa tem de autocontrole e a maneira de dispor da habilidade de dar importância às coisas.

Quando apresenta defeito, mostra que a pessoa está com raiva e revoltada, dando muita importância a coisas negativas a que geralmente não costuma dar.

Suspensão — Serve para apoiar os amortecedores, dá estabilidade e sustenta a altura do carro. É composta por molas de vários tipos e barra de torção. A função é anular ao máximo os movimentos bruscos e balanços do carro quando uma roda, mesmo em velocidade normal, se choca com uma saliência da superfície.

Representa a capacidade de se sustentar, de se dar apoio. A suspensão dianteira é sustentar o que quer fazer, e a suspensão traseira é sustentar o que já fez. Quando apresenta defeito, significa insegurança e não flexibilidade para enfrentar o futuro.

Tampa do porta-luvas – Representa a capacidade de guardar segredos.

Tampa do porta-malas – Capacidade de assumir e defender as próprias responsabilidades ou as funções que assumiu na vida.

Tampa do tanque – Capacidade de selecionar novas ideias e aceitá-las.

Tanque de combustível – Capacidade de agir e pensar por si mesmo, independência. Em carro a álcool, há o reservatório de gasolina relacionado ao sistema que dá partida no carro. Esse tanque representa o senso de praticidade.

Teto solar – Representa sua capacidade de fazer contato com a natureza e captar sensitivamente as energias ao seu redor.

Terminais – Fazem parte do sistema de suspensão e servem para facilitar o movimento das rodas do carro.

Representam a facilidade com que você se permite mudar de atitudes mediante suas novas experiências.

Termostato – Dispositivo para controlar a temperatura interna do motor através da maior ou menor quantidade de água em circulação. Controla o fluxo de água entre o cabeçote e o radiador.

É a capacidade do indivíduo de manter o equilíbrio diante de situações que o desafiam.

Transmissão automática — É sua capacidade de se adaptar automaticamente aos diferentes ambientes.

Trava de fechadura — Pode ser manual ou elétrica. Serve para fechar o carro.

Representa sua firmeza em se manter com relação a preservar sua privacidade. Quebra quando você se sente ameaçado em sua privacidade.

Válvula — Peça que faz parte do motor e que auxilia na sua compressão.

Capacidade de regular seus objetivos na vida, evitando que eles sejam tão altos que as exigências se tornarão uma pressão muito forte, a ponto de lhe causar um infarto.

Vareta do óleo — Vareta de metal que mede e indica o nível de óleo existente no cárter.

Consciência de sua saúde e da necessidade de cuidados.

Vazamento — De combustível: significa perda de energia.

De óleo: há uma preocupação da pessoa em ser boazinha. A perda de óleo é igual à perda de amor, porque este suaviza o ser humano assim como o óleo lubrifica as peças do carro, não ocorrendo atrito entre elas.

Velas — O sistema de ignição é dotado de quatro velas. São peças que contêm um condutor metálico por onde passa um fio de alta tensão que solta uma faísca elétrica da bobina e vai para o distribuidor para dar movimento ao carro (a partida).

Representam os nossos impulsos construtivos, nossos ideais e objetivos de realização.

Velocímetro — Controle de velocidade, mostra a velocidade em que o carro está.

Representa consciência do ritmo de ação, capacidade de ver o próprio desempenho. Quando quebrado, significa perda do senso de envolver-se com as coisas de forma a não ter mais o senso de si.

Ventilação — O sistema de ventilação existente no carro é para refrigerá-lo internamente.

É nossa capacidade de não esquentar com os problemas cotidianos.

Ventoinha — Ativa a corrente de ar que passa através do radiador durante o movimento do carro e também a mantém quando o veículo está parado com o motor em funcionamento. Só entra em funcionamento quando exigido pela temperatura.

Representa seu bom humor com os outros e consigo mesmo. Conhecido como o nosso espírito esportivo.

Virabrequim — É considerado o coração do motor, pois é a peça que o faz girar. Ele possibilita movimento alternado dos êmbolos.

Representa sua coragem de seguir adiante e sua força de vontade em enfrentar tudo na vida.

Volante — O mesmo que direção, serve para movimentar o carro e direcioná-lo para qualquer lado.

Representa seu senso de adequação. Perder a direção é deixar que os palpites dos outros interfiram em seu senso de adequação.

TRÊS

A vida lhe trata como você se trata

Tudo na vida tem inteligência.

Gostemos ou não, a sorte e o azar não existem.

O destino é só uma questão de escolha.

Nossas atitudes são como moldes para a vida criar e recriar situações.

As atitudes vêm do nosso modo de ver as coisas ou dos nossos valores.

Valores são ideias que acreditamos ser a verdade, mas que na maioria das vezes podem não ser.

Escolhemos em que acreditar e, quando o fazemos, não somos devidamente cuidadosos e criamos falsos valores. Deles geramos atitudes que servem de modelo para uma série de situações calamitosas.

Você se acha uma pessoa iludida?

A maioria das pessoas diz que não. Pensa que tudo em que acredita é a mais pura das verdades só porque se considera muito esperta.

Ilusões existem, e nós estamos cheios delas.

Quem é você para si mesmo? Você se tem em alta conta? Ou você se acha cheio de defeitos?

Você irá se tratar de acordo com a imagem que fez de você. Será que essa imagem é real ou só uma ilusão? Ou mesmo os dois, parte real ou parte ilusão?

A vida o está tratando como você está se tratando, e isso quer dizer que você se fere quando não gosta de si. Pense no que a vida vai fazer com você.

Afirmar que a vida o tem tratado como você tem se tratado é no mínimo intrigante, talvez um desafio para nossa compreensão.

Se conseguirmos perceber o quanto ela é verdadeira, poderemos explicar muito do que passamos na vida, mas o mais importante é que poderemos transformar nosso destino ao mudar o modo de nos tratarmos. Por isso é uma afirmação irresistível!

A vida me trata como eu me trato. Os outros me tratam como eu me trato. E como é que você se trata?

Se eu conhecesse os fatos de sua vida, poderia deduzir como você se trata.

Quem é você para si mesmo? Pequeno ou grande, bom ou mau, burro ou inteligente, capaz ou incapaz, sensual ou sem atrativos, vítima ou agressor, dominado ou dominador, réu ou juiz?

O modo como você se considera faz com que tenha certas atitudes consigo mesmo. Com isso, você cria um campo de energia específico ao seu redor. Esse campo atrairá tudo que tenha afinidade com ele.

Você se admira?

Não podemos admirar quem está cheio de defeitos, não é assim?

A maioria diz que é. Por isso, as pessoas podem ser maravilhosas e os outros nunca reconhecerem isso, já que nem elas mesmas se reconhecem.

Se nosso campo de energia é de negação, somos negados, porque as pessoas parecem reagir mais às nossas energias emitidas do que ao que fazemos.

Quem se nega será negado!

Você já percebeu que isso parece não ter importância com o quanto nos esforçamos para ser gentis, prestativos, atenciosos, meigos e adoráveis... Ainda assim, as pessoas podem nos tratar mal?

Os atos parecem ter menor importância do que as atitudes.

Os atos são nossos comportamentos externos, o que expressamos, e as atitudes são as posturas que temos diante de nós mesmos.

Se você não é digno de sua própria consideração, os outros não lhe darão o menor valor.

A vida parece também agir segundo suas energias. Não importa o quanto você se empenhe em ganhar dinheiro, se não se considera positivamente, a vida parece cortar seu fluxo de prosperidade.

Quando eu pergunto a certas pessoas se elas se amam, normalmente dizem que sim, porém de que forma elas se amam se suas vidas vão de mal a pior?

Eu percebi que elas se amam da maneira que foram amadas por seus pais, o que na maioria das vezes significa o pior.

Os pais fazem atrocidades em nome do amor ou da responsabilidade de nos educar. Eles nos espancam, nos culpam, nos castigam, nos obrigam a fazer o que não queremos ou a comer o que não temos vontade, nos amedrontam, desprezam nossos sentimentos, ignoram nossa vida interior em detrimento de um comportamento externo aceitável, criticam, oprimem, xingam, abusam, julgam, condenam ou, pior, nos mimam e nos tratam como se fôssemos coitadinhos estúpidos, e tudo isso em nome do amor! Assim, aprendemos a nos tratar da mesma forma, como se isso fosse bom, até que façamos o mesmo com nossos filhos, perpetuando a corrente de agressividade dentro da humanidade.

Confundem firmeza com subjugação criminosa, responsabilidade com obrigação servil, amor com dever ao próximo, carinho com mimo, piedade com compaixão, discernimento com julgamento, medo com prudência, repressão com educação.

Desse jeito, nossa vida só pode ser miserável! E você certamente sofrerá muito, a menos que, quando se vir dono de si, venha a mudar as coisas.

Temos que nos reeducar.

Precisamos repensar as coisas e procurar um modo mais legítimo de nos amarmos.

Preste atenção em como anda se tratando e veja com quem você aprendeu a se tratar assim. Verá logo que eu tenho razão.

De verdade, autoridade é o exercício do autodomínio, do autogerenciamento, o uso positivo de nossos impulsos inatos e vitais que nos levam à firmeza interior; portanto, ensiná-la é desenvolver na criança a capacidade de usar suas forças positivamente em si mesmas. Autoridade está longe de ser subjugação da vontade do outro por sua própria, reprimindo os impulsos vitais e criando um adulto débil para enfrentar a vida; é muito mais ensinar as crianças a formatar seus impulsos para o bem delas.

Obrigação é forçar-se a fazer o que não se tem condições. É escravismo. É total falta de consideração consigo.

Responsabilidade já é diferente: é a capacidade de criar, com nossos atos e nossas atitudes, as situações que vivemos. Não se cria responsabilidade, tampouco se ensina; apenas ajudamos a nos tornar conscientes de que as coisas em nossas vidas são fruto de nossos atos e nossas atitudes.

Você se obriga a fazer coisas de que não gosta?

Claro que sim, basta ver sua lista de "eu tenho que fazer para amanhã..." e verá como você se enche de deveres, deverias, devo, deves, devemos... e pressionamos contra nossa vontade como se fôssemos escravos das coisas, sem a menor consideração com nossa alma ou nossas condições reais. Estamos quase sempre contra nós.

Se a vida e as pessoas nos tratam como nós nos tratamos, está explicado por que sua vida está cheia de contrariedades e gente mandona.

Quando os outros ficam mandando em você, como se sente?

Com raiva, claro, a menos que nós sintamos a necessidade de ser mandados para chegar onde queremos, como no caso de uma informação.

Todo mundo odeia gente mandona.

Agora imagine que sufoco você se faz passar mandando em você sem parar e perceba o ódio acumulado que gera o cansaço de viver ou o estresse.

"Tô de saco cheio!", você sempre diz.

De agora em diante, eu sugiro que você diga: "Tô enchendo meu saco."

Assumir a responsabilidade sobre o que fazemos conosco é tomar consciência de nosso poder de agir desta ou daquela forma.

Você gosta de ter poder?

Definitivamente eu gosto. Gosto de sentir a liberdade de poder fazer as coisas como bem me aprouver. Por isso, gosto de saber que sou eu que provoco as coisas boas ou ruins em mim, porque só assim eu posso mudar, quando for negativa, ou manter, quando for positiva.

Quando nos consideramos positivamente, levamos em consideração o que sentimos ou queremos. Procuramos nos perguntar sobre nossas motivações e disposições. Assumimos a responsabilidade pelo que somos e sentimos, procurando fazer o que nos faz felizes. Aceitamos nossos limites, nossas tendências e nossos gostos. A gente se trata da mesma forma que trata uma visita importante.

Com as visitas, sempre falamos com cordialidade, jamais impondo as coisas. Sempre insistimos para que ela fique confortável e bem à vontade. Depois lhe servimos o que temos de melhor, com nossos melhores utensílios de mesa, e procuramos não aborrecê-las, mas diverti-las com os melhores entretenimentos.

Você se trata assim?

Quando a visita quer descansar, você fica quieto para não atrapalhar e, se ela quer trabalhar, você procura facilitar as coisas pensando sempre no melhor dela, e jamais toma uma medida sem antes consultar o que a visita prefere.

A isso chamamos de *consideração positiva.* Se nos considerarmos da forma mais positiva possível, o mundo começará a ser facilitador, as coisas começarão a cair do céu e uma onda de energia positiva será atraída para nós.

As pessoas começarão a pensar em nós com respeito e distinção.

A valorização aumentará, o que, em última análise, levará a um aumento do fluxo de dinheiro em nossas vidas.

O único impedimento para você se revalorizar e parar de se obrigar é sua maldita vaidade!

Vaidade é o querer parecer ser. Dar mais importância ao que você aparenta para os outros do que para o que sente.

Você é vaidoso?

É difícil ser honesto com a gente, mas a verdade é que sempre temos uma dose de vaidade.

Toda vez que não nos sentimos à vontade é porque estamos querendo parecer ser o que não estamos sendo. Timidez, acanhamento, constrangimento, ansiedade, nervosismo, medo de errar e vergonha de que vejam seus defeitos ou suas coisas íntimas equivale a dizer que você não se assume como é, que se rejeita e se despreza como forma de se defender contra as críticas dos outros e que não confia em si.

Damos mais importância aos outros do que a nós. E a vida nos põe no fim da fila.

Damos o poder aos outros e ficamos à mercê deles. Se eu considero sua aprovação mais importante do que a minha, estou lhe dando mais importância do que a mim, ou seja, estou lhe dando o poder de me aprovar ou reprovar e fico com medo de não agradá-lo. Passo minha vida tentando agradá-lo e não me dou oportunidade de fazer o que eu quero.

Os outros são o que são. São como eu ou você, que só damos nossa aprovação para quem faz o que nós achamos correto; caso contrário, será por nós desaprovado. Se você quer minha aprovação, deverá fazer o que eu considero certo e fim de papo.

Então, quando queremos a aprovação dos outros, nos forçamos a fazer o que eles acham certo. Obrigamo-nos com um monte de "tem que" e inventamos que não temos outra opção.

Quando nos fechamos dessa forma, estamos criando uma grande limitação em nossas vidas. Ela se fecha e nossos caminhos são limitados, não importando o quanto nos esforcemos.

Você se inferioriza e está sendo inferiorizado?

Seu "benhê" (namorada ou cônjuge) perdeu o interesse por você? Passaram você para trás no trabalho? Rebaixaram e rejeitaram você? Menosprezaram você e nem lhe deram bola?

Desculpe-me, mas você merece!

Seja honesto e veja como você se trata.

Com que direito você quer exigir dos outros um tratamento que nem mesmo você se dá?

Se você é tão vaidoso que se esconde para que os outros não tenham uma impressão ruim de você, chamando isso de educação, vai pagar caro. As pessoas vão sentir sua energia de desprezível e vão lhe dar o que você merece. Isso não é educação, e sim hipocrisia, ou seja, mentira, desonestidade, falsidade, e é só o que você está atraindo.

Você é o responsável por tudo que causa as coisas e o faz com a maneira errada de se tratar.

Afinal de contas, o que você é ou não para si mesmo é mais importante do que os outros acham?

Normalmente, achamos que estamos nos dando importância, tentando parecer importantes para os outros, fazendo panca.

Você está consciente de como faz panca na frente dos outros? Panca de seguro, de forte, de bonzinho, de democrático, de moderno, de despreocupado, de respeitoso, de educado, de espiritualista, de fino, de simpático etc.

Você é ou não é mais importante para si que os outros?

Você vai se pôr nos primeiros lugares da fila ou vai usar sua velha e falsa modéstia exibicionista e dizer que não liga para essas coisas?

É preciso ter coragem para tirar esse vício de ser para o outro ver e fazer tudo que faz você se sentir bem quando bem entender.

Quase todas as pessoas sentem-se mal quando não agem como seus "tem de" determinam. Elas têm um esquema de autopunição tão forte, como era a força de seus pais ao puni-las, que as impede de se sentirem bem.

Elas "têm de", senão deverão se machucar com culpas e outras torturas.

Você já reparou como você está treinado a se torturar se não fizer suas obrigações?

O medo nos foi imposto pelos nossos pais para sermos obedientes. E você é obediente até hoje!

Você quer continuar assim? A vida vai torturá-lo e oprimi-lo do jeito que você se faz.

Faça o que bem quiser, mas, quando a vida o colocar no meio de uma desgraceira dolorosa, não me venha com aquela de coitadinho para ver se os outros têm peninha de você, não!

Deus não tem pena. Deus não mima.

Você vai ter que aguentar toda a consequência sozinho.

Quem quer ser sempre o certinho será indiscutivelmente o infeliz.

Ser feliz e ser certinho não andam juntos, porque são antagônicos.

E você? Quer ser certinho ou quer ser feliz?

Ser feliz, é claro. Então, comece agora a campanha contra sua vaidade e se assuma, aceitando-se incondicionalmente, e o resto vem por acréscimo.

Amor é espontâneo e nunca poderá ser um dever consigo e muito menos com o próximo. Respeito é aprendível, portanto ensinável, mas gostar é espontâneo, porque é a resposta positiva às boas energias dos outros.

Pessoas negativas não são passíveis de amor.

Você é amável, ou seja, passível de amor? Em outras palavras, você se ama?

Só quando nos amamos de verdade temos condições de amar os outros ou sermos amados por eles.

Isso só se...

Carinho é a expressão do bem com ternura, e não piedade, que nos leva a fazer tudo pelos outros em nome de impedir que eles se machuquem. Normalmente, a piedade é imposta como obrigação, e ficamos sujeitos a muitas culpas se não nos apiedarmos dos outros.

O verdadeiro carinho não estraga, e sim fortalece, para que possamos enfrentar a vida com as próprias forças.

Há duas qualidades de atenção que se dá: a atenção castradora e a atenção nutritiva.

Atenção castradora é aquela que nos leva a ser moles, vaidosos, mimados, caprichosos e fracos. Ilude-nos sobre o que somos com falsos elogios, evita que enfrentemos frustrações e sejamos fortes, nos faz acreditar que somos mais do que somos e que merecemos mais do que temos direito por nosso mérito, impede que sejamos realistas e hábeis para resolver as situações críticas de nossas vidas.

Atenção nutritiva é aquela que nos encoraja a enfrentar os obstáculos da vida, que nos mostra nossa vaidade e que só nós temos a responsabilidade de nos levarmos para a frente. Ela também nos faz crescer diante dos nossos limites, nos mostrando a necessidade de fazer por merecer, e nos faz ver que somos criaturas cheias de potenciais e que precisamos de nossa atenção e nosso empenho para nos desenvolvermos.

Piedade, então, é ter pena ou dó. Pena é negativo, pois é sentido como dor. É classificar alguém como coitadinho, incapaz ou impotente, é tomá-lo por menos negando qualquer potencial que ele possa ter. A piedade destrói a confiança que o apiedado possa ter em si e propõe o paternalismo, ou seja, que o piedoso assuma responsabilidade pelo apiedado, o que é uma falta ainda pior, pois mima e cerceia o crescimento do apiedado.

É incrível como no Brasil nós confundimos piedade com amor ou compaixão!

Você por certo já experimentou a autopiedade quando algo parece não sair como você queria. Lembra-se como o "pobre de mim" tirou todas as suas forças?

"Pobre de mim" é a maneira mais rápida de nos arruinarmos, minando nossas forças e nos colocando para baixo, ao que a vida logo responde nos rebaixando também.

É o automimo. Mimamo-nos com o "coitado de mim" e nos colocamos como impotentes. Fechamos nossa visão da realidade e agimos como crianças estúpidas. Geralmente largamos o que estávamos fazendo, não importando o quanto já lutamos para chegar onde estávamos. Desprezamos nossos esforços e nossos potenciais para nos colocar como nenezinhos.

O pior é que acreditamos nisso! E é quando a vida começa a nos pôr para baixo. Perdemos nossa sorte, nossas chances, nossos negócios, nosso prestígio, e caímos na depressão.

Depressão é só uma palavra moderna para dizer tristeza.

Você é triste? Gostamos de disfarçar nossa tristeza para que os outros não nos achem chatos.

Você é um chato?

Para os outros, talvez não, mas e para você mesmo?

Quando nos vemos e nos tratamos como um pobre coitado que tem que trabalhar para ganhar o pão de cada dia num mundo de pessoas competitivas e cruéis, e que temos que ter um saco do tamanho de um bonde para tudo que a mediocridade gosta de esbanjar e que tudo é difícil e duro e nossas frustrações se acumulam, então perdemos a vontade de viver e nosso sistema imunológico começa a se desligar. As doenças aparecem e em breve desencarnamos.

Você já quer morrer? Será que sem ter consciência você já está no processo de sair deste mundo?

Parece uma pergunta mórbida, mas minha intenção é que você perceba o que está fazendo consigo e se dê a chance de mudar.

Mudar e ficar consciente do "coitadinho" ou do "pobre de mim" e lutar para tirá-lo dessa hipnose.

Você não é e nunca foi um miserável, apenas não se deu a chance de ser o que realmente é.

Somos perfeitos para ser o que somos, e qualquer pensamento contrário é ilusão.

Se você começar a se tratar como visita, verá que sua vida mudará milagrosamente!

Comece a desenvolver a compaixão.

Compaixão é saudável, pois usa o relativismo e a pureza para compreender.

Ela percebe as fraquezas e jamais condena ou malicia; simplesmente ajuda as pessoas a se tornarem melhores.

Vê a todos como capazes, pois sente que todos fazem o melhor que sabem, segundo a evolução de cada um.

Somos seres eternos atravessando a evolução em ciclos de vidas de diferentes estágios e dimensões. Somos uma individualidade original com um caminho original. Por isso, estamos em nosso próprio caminho e agindo segundo nosso grau de conhecimento. Somos para ser o que podemos ser, fazemos o que é característico de nossa idade espiritual e nada mais.

Não temos conhecimento de toda a escala de evolução e seus diferentes níveis dentro da eternidade, por isso não podemos medir se estamos adiantados ou atrasados, como também não conhecemos os valores cósmicos e as razões da vida o suficiente para nos julgarmos certos ou errados. O que conhecemos é o que as religiões falam e fantasiam sobre a vida.

Religião é coisa das pessoas e, diga-se de passagem, pessoas bem imaginativas, pois falam de coisas das quais não têm provas.

Creem por crer.

Para mim, isso não passa de pobreza espiritual.

A verdade parece estar mais para o lado do "somos perfeitos segundo nosso grau de evolução", porque, quando nasce um bebê que ainda não possui dentes, não achamos que ele está com defeito e nem o devolvemos para Deus. Sabemos que, com o tempo, ele ganhará os dentes. Assim, se conhecermos a eternidade e soubermos que estamos num processo de evolução que envolve várias vidas, saberemos que temos tempo certo para adquirir as virtudes que ainda não temos.

Somos perfeitos para ser o que somos e fazermos o que é natural em nosso grau de evolução.

Sou o que posso ser e não há nada de errado comigo nem com você.

Viver é aprender, e aprender é crescer.

Somos o melhor que podemos ser hoje e seremos o melhor que pudermos ser amanhã.

É o que está certo.

Fora disso, tudo é deploração e corrupção do verdadeiro sentido da obra da vida.

Gosto de explicações que devolvem ao homem sua dignidade. Já me cansei de escritores e palestrantes que adoram criticar os homens e a humanidade e dizer que Deus é perfeito mas o homem é cruel. Então, por que Deus fez o homem com a capacidade de ser cruel? Só para depois punir? Então, quem é o cruel? Deus, o criador, ou o homem, que é mero ser criado?

Tudo isso não passa de uma grande sacanagem para gente que tem preguiça de pensar!

Tudo é relativo e cada um faz o que sabe fazer.

Mas o que dizer dos homens violentos que maltratam os outros?

É que essas pessoas são maltratáveis.

Se elas não se tratam bem, atraem na vida esses homens ignorantes que as molestam, como elas molestam a si mesmas; caso contrário, eles nem se aproximariam.

Das coisas mais cruéis que fazemos para nós, julgar-se é uma das piores. Você está consciente do quanto se julga?

Julgar é classificar e rotular segundo valores perfeccionistas, ou seja, idealizados como perfeitos, e usar esses falsos valores para classificar pessoas. Distorce a visão da natureza individual de cada coisa ou pessoa sem procurar cuidadosamente entender suas reais funções. Costuma rotular com análises superficiais e ilusórias, condenando ou absolvendo segundo sua visão estúpida. É uma característica do orgulho.

O orgulho cega, diz acertadamente a expressão popular.

Orgulho é o nome dado ao estado de ilusão. Quando alimentamos ilusões como verdade, entramos em um estado de torpor onde toda a nossa possibilidade de ver claramente fica comprometida.

Todos nós nos sentimos injustiçados quando uma pessoa, sem conhecer nossas razões, nossos sentimentos, nossas dificuldades e nossos esforços, nos julga.

Para sermos justos, precisamos saber com clareza os detalhes das circunstâncias de cada coisa para podermos fazer uma avaliação sincera.

É tão fácil condenar injustamente, basta sermos apressados e superficiais, negando a necessidade de uma análise criteriosa.

Discernir é apenas apreciar as diferenças, ampliando a consciência das circunstâncias e características das coisas e pessoas, o que nos levará à elaboração de uma ideia clara e precisa, formando consequentemente valores verdadeiros. É uma característica da humildade.

Humildade é a capacidade de ver as coisas como elas realmente são, sem distorções ou exageros.

Nesse estado, percebemos que nada é comparável a nada. Tudo é só o que é.

Você se compara com os outros?

Claro que a primeira resposta é não. Temos pavor de comparações e mais ainda de admitirmos que temos inveja dos outros.

Realmente, é preciso ser quase um Hércules mental para se admitir que é invejoso.

Não há nada mais injusto do que comparações, e estamos cheios delas. Comparações velhas que começaram a aparecer em nossas vidas quando ainda éramos crianças.

Você não é tão alto quanto seu irmão, nem tão atento ou prestativo, e logo vinha um julgamento de que você é um preguiçoso. Isso acontecia toda vez que você não fazia o que eles queriam, do jeito que eles queriam, na hora que eles queriam, enfim, toda vez que você não era um estúpido.

Assim fomos tratados e assim nos tratamos.

Temos que ser magros como manda a moda, musculosos, ágeis, inteligentes, capazes, letrados, pacientes, educados, espertos, ricos, espirituais etc., como ______________ (preencha a lacuna com suas cobranças prediletas).

Quase todas as nossas cobranças vêm de nossas comparações com o que é considerado o melhor e, se quisermos ser melhores, temos que nos esforçar para ser iguais a ______________ (preencha com seu próprio estoque).

Somos mestres em nos fazer parecer menos que _________________ (preencha com o habitual).

Temos a falsa ideia de que somos insuficientes e de que temos que nos obrigar a sermos, ou ao menos aparentar sermos, melhores do que nos sentimos.

É um verdadeiro horror o que nos causamos nesta vida. É uma autoperseguição disfarçada de desejo de melhorar que tira, logicamente, muitas aprovações dos outros quando confessamos que estamos nos matando para conseguir algo.

Adoramos passar por lutadores e esforçados, e ganhamos de nós mesmos muitos "vivas" quando chegamos perto do que achamos que deveríamos ser.

Mas a felicidade dura pouco, porque mais uma dúzia de exigências de sua interminável lista entra em cena, e lá vai seu prazer para as cucuias.

Você vive querendo melhorar, pois se condena como é. Não se aceita e não se entende. Por isso, não sabe o que sua alma necessita nesta vida e pode passar o resto dela sem jamais fazer o que realmente veio fazer.

Você não teve aquela sensação de que fez tanto e parece que nada realmente lhe trouxe satisfação?

É duro confessar a si mesmo que, depois de trabalhar como um louco para sustentar a família e de fazer seu pé-de-meia, você sente que tanto faz como tanto fez.

Estou sempre ouvindo pessoas dizerem: "Eu tenho tudo na vida, mas tenho até vergonha de dizer que sou infeliz e insatisfeito."

Você se tratou como se fosse ninguém para si mesmo e fez tudo para os outros. Hoje você é nada, e a vida e os outros o tratam como nada, pois só veem em você um provedor útil e mais nada.

Você se fez nada e nada vai colher.

Não pense que eu tenho a ilusão de que este livrinho possa lhe fazer muita diferença, nem que eu ache que é simples você mudar. Acho que, na verdade, seria um milagre se isso acontecesse.

Como você, eu fui criado e me desenvolvi no mesmo ambiente, nas mesmas escolas, vivendo os mesmos acontecimentos que qualquer brasileiro de minha idade. Assim sendo, quando meus estudos e minhas observações me fizeram perceber que o destino é diretamente proporcional ao modo como eu me trato, restou-me a dura tarefa de transformar minha cabeça, de que ela estivesse a meu favor, e isso é sem dúvida o maior desafio de nossas vidas.

Nossas cabeças estão preparadas em 90% de seu conteúdo a ir contra nossa alma. Tudo já está no automático.

Quer dizer que aprendemos a ver a vida e suas múltiplas situações de certa forma, a desenvolver respostas coerentes com essa visão e finalmente a colocá-las no automático, de sorte que montamos um roteiro de atitudes que mais geram nossa infelicidade do que nos trazem alegrias.

Nossa educação no convívio familiar era do tipo dominadores (eles) *versus* dominados (nós). Somos da geração "criança não dá palpite", e nossa cabeça teve que ceder e aprender o que eles queriam. Ensinaram-nos a dar valor e poder ao mundo de fora e a ser obediente ao que os outros queriam. Com isso, não aprendemos a nos dominar, e sim a nos reprimir.

Hoje o mundo domina nossa cabeça e nossa cabeça nos domina, o que equivale a concluir que o mundo nos domina.

O ambiente social, as pessoas, as necessidades delas, a felicidade delas, as vontades delas, o direito delas estão sempre em primeiro lugar.

A nós coube ser "bonzinhos" e/ou "certinhos" para que eles nos considerassem positivamente.

Sempre eles com o poder de nos considerar ou de nos desconsiderar.

Para qualquer um de nós, sacrificar-se é heroico. Fazer por si é egoísmo. Diminuir-se é humildade.

Confessar-se imperfeito e se matar para melhorar são práticas de bom senso.

Somos obedientes à nossa cabeça, que é obediente ao mundo externo.

Tudo realmente está preparado para que estejamos sempre contra nós.

Como todo o poder está no mundo de fora e estamos convencidos disso, sempre que temos um problema pensamos que ele está fora e que somos vítimas do destino.

Quando estamos iludidos de que o poder está no mundo, somos impotentes, vítimas e infelizes. Queremos a todo custo encontrar uma solução para tais problemas e queimamos nossas pestanas para achar **o que fazer**.

Esse "**o que fazer**" quer dizer com que atos ou comportamentos externos vamos resolver o problema.

Até a visão do que é o problema é sempre voltada para os efeitos e nunca para as causas.

Exemplo disso é aquela pessoa que percebe que sua fonte de renda anda diminuindo e logo começa a se alarmar, pensando nas contas. Gasta grande parte de sua energias pensando no que está acontecendo e encontra respostas externas do tipo "esta firma paga muito mal", ou "o mercado anda em crise" ou ainda "tudo anda pela hora da morte, tenho que apertar o cinto".

As soluções vão desde o conformismo com sacrifícios até a busca de um outro trabalho nas horas vagas para aumentar o orçamento.

Sempre que eu trabalho com pessoas que me procuram com problemas é a mesma coisa: para elas, a visão do problema são os reflexos que aparecem na vida, pois elas não têm condições de perceber que a causa está em como elas se tratam. Leva sempre muito tempo e empenho para convencê-las do contrário e ajudá-las a se tratarem melhor.

Em sua vida não há problemas fora de você, e sim dentro.

Fora é reflexo de dentro, e nunca a causa.

Se você é daquele tipo que diz que só vai gostar de você quando emagrecer e tiver uma aparência mais aceitável, vai ficar esperando pela eternidade.

Você pode forçar as coisas e fazer uma dieta rigorosa, mas vai engordar logo em seguida. Ou mesmo ter uma reação contrária de fazer dieta e continuar engordando, porque seu organismo estará retendo líquido.

O que o faz engordar são seus maus-tratos. Se você pensa em se corrigir fazendo dieta ou exercícios, vai se machucar ainda mais, pois tudo que fizer será como um castigo, e sua alma vai arranjar muitos meios de sacanear sua disciplina. Ela vai despencar seus músculos, desanimá-lo, adoecê-lo ou qualquer outra coisa para fazer você parar com o martírio.

O que funciona é sempre o oposto. Primeiro, você começa a se tratar bem, a se aceitar como é, e depois o corpo começa a entrar na linha por si só. Para funcionar, exercícios têm que ser feitos com prazer, como criança brincando de dançar; fazer só para se divertir, e aí o corpo logo aceita a modelagem e começa a apresentar mudanças estéticas positivas.

Aí você me pergunta: como eu posso me aceitar se eu tenho espelho e não gosto do que vejo?

É sempre a mesma mania, damos valor aos efeitos e nunca às causas.

Isso sempre acontece com pessoas que querem ficar bonitas para os outros e se tornarem atraentes ou mais bem aceitas e para isso não medem esforços em se sacrificar, se judiar, se corrigir, se culpar, se pressionar, se cobrar, se cutucar, se desassossegar, o que só agrava a causa do problema, que são os maus-tratos que você se dá.

O corpo só reflete os tratos que você se impinge como pessoa. Sua cabeça o atormenta, ela está contra você, que aceita o que ela lhe diz.

Você não vai ter nenhuma cooperação de sua alma ouvindo essa cabeça que é contra você. A alma domina o corpo e o ambiente; assim, quando você pensa que está fazendo seu melhor, na verdade, está iludido, e os resultados são desastrosos.

Quando eu quis ficar bem na vida, eu parei de culpar meu corpo, minha fome ou meus hábitos alimentares e passei a me deixar livre. Melhorei a maneira de me tratar, parando de me acusar, me culpar, me exigir e me reprimir. O resultado foi surpreendente. Não só eu emagreci como também meu corpo tomou formas muito mais harmônicas e estéticas. Nunca mais fiz ginástica e só danço quase todos os dias. Divirto-me e faço meu corpo ficar feliz. A cada dia que passa, ele se cansa menos e fica ansioso esperando a hora de "ir brincar".

Brincar é mais importante que tudo, e o fato de essa brincadeira fazer bem para a saúde e para minha estética é absolutamente sem importância.

Minha alma é a pessoa mais importante para mim.

A vida me dá importância, os outros me dão importância, meu corpo se faz forte e esbelto. Tudo isso é bom, mas o que é realmente importante é o fato de que minha alma está em primeiro lugar para mim.

É muito difícil convencer a cabeça disso. Enquanto eu estava me dando importância, minha cabeça, acostumada e treinada de forma oposta, sempre vinha querendo me contrariar e pôr em dúvida minhas novas atitudes. Mas eu, pacientemente, aceitava que o que ela dizia era apenas fruto dos velhos condicionamentos e não lhe dava ouvidos. Com o tempo, ela começou a ceder, o que me fez ver que eu estava descondicionando meu inconsciente e reprogramando-o.

Hoje em dia, eu e a alma somos um.

Quando eu digo "eu", é bem diferente de quando você diz "eu". Eu não sou o que penso, e sim o que sinto, e isso faz toda diferença.

Aprendi a não ouvir a cabeça e a segui-la obedientemente como antes. Não mais obedeço ao que minhas vozes mentais me dizem sem antes ver como eu "alma" me sinto.

É interessante notar que, assumindo minhas vontades e meus sentimentos, fui dominando minha cabeça e, sem querer, parece que dominei o mundo.

Nada fora de mim me importa mais do que a mim por dentro, e assim o mundo sempre faz o que eu queria e a vida flui com uma positividade em minha direção que agora eu sei que a sorte é controlável.

Conheço o segredo dos grandes homens de sucesso. Eles só fazem o que sentem que é certo e não pensam como os outros. Seguem suas intuições com uma fé absoluta que deixa a todos atônitos e sempre acertam, ficando cada dia mais realizados.

Sempre quis saber por que alguns tinham sucesso e outros não. Percebi que esses indivíduos pareciam não depender dos talentos para executarem determinadas tarefas e cheguei à conclusão de que as aptidões para o sucesso dependem das relações da pessoa consigo mesma.

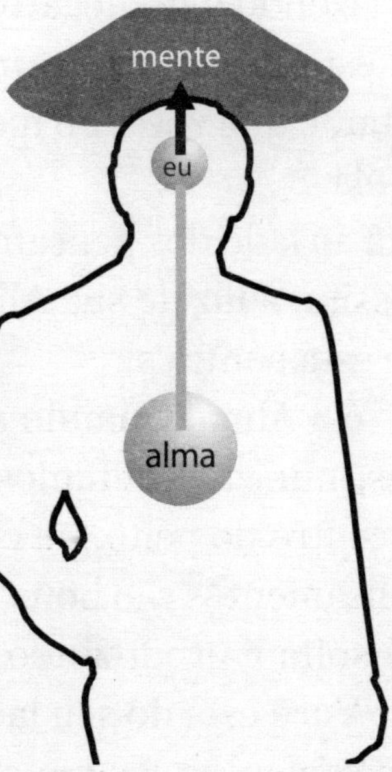

A melhor maneira de se relacionar consigo é usando um esquema muito simples, como na figura acima.

No centro, temos o Eu consciente, que toma as decisões. Abaixo, temos a Alma, que é nossa fonte de Vida e orientação. E, acima, temos a mente com suas amebas ou formas-pensamento.

Agora, eu quero que imagine esse esquema em você. Sinta-se no meio e veja acima a mente e abaixo, em seu peito, sua Alma.

Quando seu peito está apertado, desconfortável, triste, ansioso, angustiado etc., é porque a mente está fazendo algo negativo. Isso quer dizer que ela está fazendo algo inadequado para seu bem-estar, e que você, no meio, está concordando com ela.

Você está ao lado dos pensamentos e eles não são bons. Assim, a luz de sua Alma está comprimida e você está contra si.

Seu "eu" é a Alma. Quando apontamos para nós mesmos, nunca apontamos para a cabeça, mas para o centro do peito, no coração.

Se os pensamentos são bons, ou seja, a favor, a Alma está solta e produzindo contentamento e bem-estar. Você está do seu lado.

Bons pensamentos são aqueles que estão ao lado de sua Alma.

Maus pensamentos são assim considerados por estarem contra sua Alma e produzirem todo tipo de desconforto.

A Alma é que domina as sensações do corpo, e, conforme você pensa e apoia o que pensa, ela reage criando as sensações.

Sendo a Alma o Centro da Vida, podemos chamá-la como as religiões a chamam: Deus, Espírito Santo ou Cristo Interior.

Ela é, portanto, nosso centro de orientação do que é ou não é adequado pensar ou fazer segundo nossa individualidade e nosso grau de evolução. Sendo também a Fonte da Vida, está em nós e em tudo que existe, e, por isso, quando estamos do seu lado tendo pensamentos e tomando atitudes que a agradam, estamos colocando o universo do nosso lado.

Se estamos contra, estamos pondo tudo contra nós.

Infelizmente, aprendemos a fazer o que nos dizem que é o certo, e não o que sentimos que nos faz bem.

Você já reparou como pensa mais do que sente? Já notou como aceita mais o que sua cabeça diz que é certo do que o que, de fato, sente que é bom?

A maioria das pessoas faz o que "acha" que é certo, quer dizer, o que "imagina" ou "pensa", mesmo que isso lhe cause dor.

A maioria não se valoriza, não dá importância ao que sente.

Será esse seu caso?

Isso é constante ou mais raro?

Quem não se valoriza não tem valor. Valor na vida é dinheiro, oportunidades, consideração das pessoas, grandes chances na vida, sorte nos negócios.

Quando não damos a devida importância ao que a Alma diz, desviamo-nos dos infinitos tesouros que o universo construiu para nós.

A Fonte da Vida nos fez. Ela e nós somos um. Em nós, ela se realiza, pois somos seus órgãos sensores. Podemos, então, dizer que somos as partes de Deus que se realizam e, por isso, não há interesse nenhum da Vida em nos negar o que queremos, pois nosso querer é o querer Dela.

Tudo acontece porque nós, em nossas ilusões, somos ainda estáveis como bebês que acabaram de nascer e não sabem ainda se firmar em suas pernas ou na Alma.

Ela nos corrige porque o sofrimento nos mostra que estamos errados. Com o tempo, já que somos eternos, vamos aprendendo a fazer nossas escolhas centrados em nós mesmos, ou seja, no que sentimos no peito.

Na figura abaixo, eu mostro como estamos quando a mente, dominada por ilusões, é apoiada por nós e produz o sofrimento. Repare na Alma coberta por uma camada de opressão, porque os pensamentos estão nos levando a atitudes completamente contrárias à nossa Alma.

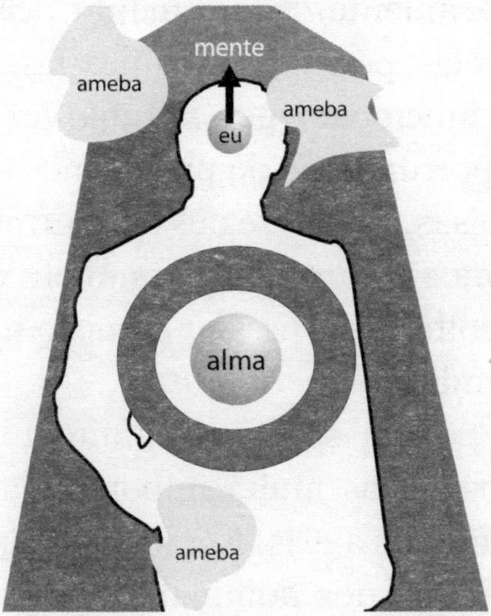

As amebas são pensamentos que cristalizamos em nossa mente e vivem em nossa aura ou em nosso campo bioenergético.

São formas que se assemelham às pessoas que nos impressionaram. Nós as percebemos como vozes em nossa cabeça; se repararmos nelas atentamente, constatamos que não só a voz como a imagem se assemelham a nossos pais.

Há também amebas positivas, que vêm das pessoas que nos impressionaram positivamente.

Algumas delas nós mesmos criamos ao nos impressionarmos com o que estamos dispostos a aprender. Elas são nosso sistema de automatizar o que aprendemos e parecem funcionar espontaneamente, mas, quando ficamos conscientes delas, podemos modificá-las.

Elas funcionam por si uma vez formadas, dando oportunidade de prestarmos atenção em outras coisas. Assim, se nos distrairmos enquanto dirigimos o carro, elas assumem o comando até que voltemos a prestar atenção no que estamos fazendo.

Elas podem se tornar muito fortes quando damos a elas muita importância e nos pomos submissos a elas. Nesse caso, elas parecem monstros que nos dominam e contra os quais parecemos não ter poder. Porém, como somos nós que as construímos e nutrimos, tudo não passa de ilusão, porque, quando queremos destruí-las, o fazemos, desprezando-as.

Vamos dar alguns exemplos das amebas mais comuns que costumamos seguir como guias do que é certo e que estão contra nossa Alma.

A ameba do "juiz condenador" é a mais nociva delas e existe em quase todos nós. Nasceu do convívio com a sociedade, principalmente os pais, que nos julgam e nos condenam para nos educarem.

O juiz possui um código de valores que é considerado certo ou adequado e, portanto, é imposto às crianças de forma brutal, até que aceitemos e nos comportemos como manda o figurino. Temos, pois, de ser certinhos, caso contrário apanhamos. Com o tempo, interiorizamos tais valores e a forma de impô-los a nós mesmos. Condenamos em nós tudo que é considerado inadequado e nos punimos com culpas se insistirmos em fazê-lo. Não há como escapar.

Todo mundo parece ter assumido o mesmo juiz, e isso só piora as coisas, pois, quando escapamos do nosso, tem sempre alguém que aparece para nos advertir e condenar.

As pessoas reforçam em nós o certinho, porque usam o mesmo juízo de valores.

No que você está se condenando atualmente?

Para seu condenador, quem é você? Um irresponsável? Ou um fraco e destrambelhado? Ou, ainda, um barulhento, malcomportado, um sem graça, um antissocial, um teimoso, um cuca-fresca, um distraído que vive no mundo da lua. Um bobo que os outros vão levar na conversa, um egoísta que só pensa em si, um bunda-mole que foge da luta, um pretensioso que só quer levar vantagem e que vai sofrer muito na vida, alguém que só pensa em sexo, um vagabundo que não gosta de trabalhar e só dá despesa em casa, um inconsequente que não tem juízo, um incompetente que não serve para nada, um encrenqueiro que só arruma confusão, um guloso que tem os olhos maiores que a boca. Você é fogo na roupa, um problema, um menos qualquer coisa ou um muito qualquer coisa. Tudo isso deixando de lado a lista de comparações, onde a gente sempre se perde!

Repare que ele tem o hábito de tratá-lo como um deficiente e persegui-lo por isso.

O pior é que você aceita tudo isso como certo!

Você se habituou que é um errado em qualquer coisa e que tem de melhorar.

Daí as cobranças intermináveis: os "tem de", "precisa", "deve", "senão", uma lista de tortura infinita que lhe é prometida.

É a política do "faz e paga" ou do crime e castigo.

Para acabar com o mal, é preciso outro mal e muito medo para não repetir. Sofrer para aprender.

O pior é que fazemos isso conosco, o que nos leva a ter de nos enganarmos para não sofrermos as punições que nós mesmos nos impusemos.

Falando nisso, já reparou como você tem que se enganar para fugir de seu condenador?

Mentir para si mesmo parece ser a única alternativa quando se quer fazer algo pelo qual seremos condenados, mas que nossa Alma insiste em nos impelir a fazer.

A desonestidade é filha desse sistema e, como os valores do nosso juiz quase sempre são contrários à nossa natureza, para nos deixar viver um pouco livres, temos que usar os caminhos escusos.

Caminhos escusos são as desculpas. Ou seja, arrumamos uma desculpa fajuta para fazermos o que queremos e criamos uma desculpa enganosa, do tipo que nos coloca como vítima, para não sermos condenados.

Já reparou como as vítimas são sempre desculpadas, coitadinhas... E é por isso que queremos sempre parecer as vítimas, e nunca os causadores, para que os outros não nos condenem e nem nós mesmos o façamos.

Em minha vida profissional, tive de aprender a lidar com a resistência que as pessoas têm de se ver como são, o que, na maioria das vezes, é o único problema. Depois de se verem, ajudá-las a melhorar é bem fácil. No entanto, todos parecem fugir de si, de sua verdade, pois a autocondenação está sempre em guarda para rejeitar o que é considerado inadequado. Eu disse considerado, e não que é inadequado realmente. Quando eu digo "realmente" ou "na realidade", estou me referindo à qualidade dos resultados.

Você já reparou quantas coisas são consideradas certas e só causam sofrimento e dor? E outras que são tidas como erradas, mas nos dão muita alegria?

É o caso daquela esposa que gosta de se divertir na festa das crianças e o marido fica achando que ela está se assanhando muito para o gosto do juiz dele. E ela, que também tem um juiz, logo pega o recado dos olhos desaprovadores do marido e se condena por não estar sendo a esposa certinha e comportada, servindo de mal exemplo para as crianças, e isso faz com que ela pare de se divertir e fique conformada em sua personagem de adulta.

Os outros só podem nos fazer mal através do mal que existe em nós.

Se essa esposa não mais alimentasse seu juiz, ela nem daria bola para o marido. E pelo fato de ela estar do seu lado se valorizando como é, levaria o marido a aceitá-la também.

O problema é que sempre nós queremos mudar os outros para ficar bom para a gente. Assim, a esposa de nosso exemplo pode decidir brigar com o marido, queixando-se de que ele pega muito no pé dela, e arranjar uma briga feia. Com os anos e as sucessivas condenações e cobranças mútuas, o casamento se tornar algo intolerável e se separam.

Amor e condenação jamais andam juntos.

Amor é, na verdade, o oposto da condenação.

Amor é uma qualidade da Alma, que, para produzi-lo, deve ser aceita e bem sustentada.

O problema da esposa não é o juiz do marido, mas o juiz dela mesma.

O problema do marido não é o juiz da esposa, mas o dele mesmo.

Quando o juiz fica forte, nos condena e desvaloriza, a Vida nos trata da mesma forma, e lá vai nosso rico dinheirinho, nosso casamento, nossa autoconfiança para as cucuias.

Se você se condena, se rejeita. E, se assim é, nunca vai amar você. O único tipo de pessoa que aparecerá para se envolver com você será sempre de seu tipo, que só vai fazer com você o que você já faz consigo.

Melhorar as coisas é mudar dentro de si.

Terminar com sua ameba de juiz é se libertar da autoperseguição e da autopunição e, com isso, criar um campo favorável que fará com que os outros e a vida melhorem com você.

Acabar com uma ameba é:

• tirar sua importância, e a Vida ganha novo sentido;

• desprezar a ideia de que você deve ser certinho, e a Vida o fará feliz;

• parar de querer ser certo aos olhos dos outros, e a Vida fará tudo se encaixar para você;

• não valorizar o que dizem de você, e a Vida o cobrirá de ouro;

• desvalorizar o que você pensa de si e dar valor ao que sente, e a Vida colocará o mundo a seus pés;

• reeducar a cabeça para que ela só pense o que é a favor da Alma, e a Vida colocará todos os caminhos a seu favor;

• aceitar o que sente incondicionalmente, e a Vida fará todos o admirarem;

• sustentar o que sente com todas as suas forças, e a Vida lhe dará todo o poder que você quiser;

• não procurar o melhor nos outros, e a Vida trará o melhor para você;

• assumir que você é diferente de todos, e a Vida o tratará especialmente, preenchendo-o de dons geniais;

• não procurar apoio nos outros e se apoiar, e a Vida dará apoio total em todos os seus planos;

• amar a si mesmo sobre todas as coisas, e a Vida o elevará às alturas.

Temos que perceber que o condenador só existe para atender às exigências de uma ameba ainda mais forte, "o perfeccionista".

O perfeccionista tem um departamento que tem tudo idealizado, concebido segundo as fantasias de melhor, segundo a ignorância de cada um.

Gosta de exigir que sejamos segundo seus ideais.

É o inimigo número um da Alma, porque a ignora por completo. Nós o usamos como nosso orientador de como ser ou agir em todas as situações.

Suas exigências são intensas e torturantes, e costuma desaprovar tudo que é diferente do que ele idealiza. É aí que entra o condenador.

Para o perfeccionista, há sempre um ideal em cada função: a mãe ideal, o símbolo do bom pai, a filha boa, o filho exemplar, o grande amigo, o cidadão correto, a moral impecável, o empresário modelo, a moça direita, o rapaz trabalhador, a colega legal, o irmão bacaninha etc.

E ai de quem não se esforçar para ser assim!

Você se condena e se arrasa. Os outros o condenam e o arrasam.

E a Vida o arrasa não por não ser como o ideal perfeccionista, mas por sacanear seu verdadeiro ser.

Somos o que somos, como a natureza nos fez, porém insistimos em não aprender com a natureza e criamos a cartilha do bom cristão, do homem de bem, e lá se vai nosso sossego...

Tudo começa na infância, com os pais querendo que sejamos como eles idealizam e nos vigiando, para saber se somos normais ou não.

Essa história de normal é outra arapuca do perfeccionista. Ele alimenta a ideia louca de que todos somos iguais e que existem comportamentos perfeitos e normais; os que não são assim são anormais, sórdidos, patológicos, doentios, estranhos, repulsivos e devem ser combatidos, banidos e aniquilados. Mas, diante da Natureza, o máximo que conseguimos é reprimir e jogar para o inconsciente esses impulsos, gerando toda sorte de morbidez ou doenças mentais e físicas.

O perfeccionista nos impede de ficar satisfeitos com o que fazemos, gerando frustrações contra nossa própria vida e intermináveis tarefas, que jamais se esgotam.

A lista de coisas consideradas imperfeitas cresce a cada dia, e corremos atrás de soluções para problemas imaginários.

Assim, temos vergonha de nós e não nos deixamos ver, temendo a desconsideração e suas consequências. Somos, então, impossibilitados de intimidade, o que acaba por gerar a solidão e os conflitos afetivos e emocionais.

Para localizá-la, basta procurar aquela voz na cabeça que sempre fala o que está errado em você.

Pergunte-se agora o que é que está errado com você ou o que precisa fazer para melhorar.

A resposta será sempre a mesma: uma avalanche de exigências.

Note que ela é como uma fita de áudio gravada, se repetindo como louca...

E é verdade: ela não passa de uma gravação, por isso não é difícil calá-la.

Mas ela insiste, porque cedo ou tarde você volta a ela para saber o que fazer em determinada situação, realimentando sua existência com seu crédito.

Nesse caso, a Vida estará sempre criando situações de rejeição, de abandono, de dificuldades e complicações.

Como para você, que acredita no que ela diz, que não passa de um imperfeito, miserável que precisa se esforçar para melhorar, a Vida o trata como tal, criando imperfeições em seu destino ou trancando as portas do que você quer e dificultando o fluxo de prosperidade. Atrai para você toda espécie de críticas negativas e destruidoras, difamações, desprestígio, ataques judiciais, desvalorização em forma de roubo, crimes, atropelamentos, pressão alta, esclerose, câncer etc., e você já sabe: desgraça pouca é bobagem.

Você se critica?

É o perfeccionista agindo.

Você sabia que o criticismo acaba com a circulação sanguínea e é responsável por todas as doenças dos rins?

Eu sou o que sinto e não o que eu penso.

O certo é o que eu sinto e não o que eu acho.

Essas frases são como mantras para que a pessoa se cure e extermine o perfeccionista.

Não são mantras para serem repetidos apenas, mas para serem usados como atitudes.

Apoiar a Alma é dar só valor para o que se sente, afinal de contas, o bom senso, que é o guia seguro da razão, é uma qualidade da Alma, que fica no peito.

O mundo externo dominou nossa mente na infância, e nossa mente nos domina. Tentamos dominar nossa Alma, que é sempre indomável. O resultado é a perda do contato com ela, tornando-nos desalmados, racionais, burros, servis, condicionados, autodestrutivos, covardes, doentes, infelizes. Nutrimos consolos fantasiosos ou esperanças absurdas e nos tornamos perdidos.

Quem espera nunca alcança, fica só na esperança.

Gostou da frase?

Pare de esperar e mude agora.

Você pode começar analisando como as pessoas mais próximas o tratam.

Em seguida, observe em você se está replicando o mesmo comportamento.

Depois, localize em sua cabeça a ameba que o está maltratando. Procure vê-la com o máximo de clareza possível.

Terminado isso, passe a observar aquela parte em você que sofre a ação da ameba. Preste atenção nas suas emoções. Geralmente é raiva por ser agredida. Essa é sua Alma.

Peça perdão a Ela, pondo-se inteiramente do seu lado. Dê a ela seu apoio incondicional. Depois sinta que você está no topo de sua cabeça e que a ameba está embaixo. Geralmente, ficamos abaixo das amebas como crianças submissas às ordens dos pais.

Fortalecido, recuse-se a aceitar a ameba. Ria dela, desvalorize o que ela fala, isso ajuda muito.

Volte a sentir sua Alma e ajude-a a se expandir em todo o seu corpo.

Procure manter essa nova atitude atentando para reações que a ameba terá, porque ela está automatizada e levará algum tempo até que se dissolva.

Acho que, por hoje, chega.

Agir é melhor que ficar se masturbando intelectualmente.

Experimente e você verá que a Vida pode ser doce e surpreendente.

A metafísica moderna é uma nova abordagem para entender como funciona nosso destino e possui uma base experimental que é a possibilidade de todos provarem as leis que ela demonstra.

Boa sorte!

QUATRO

A coragem de se ver

O que você mais odeia nas pessoas?

Tire uns minutos para pensar... Identifique o que realmente o incomoda. Eu não quero as coisas de que você simplesmente não gosta, mas a que chega a deixá-lo furioso.

Já se lembrou?

Por que será que essa coisa nos outros mexe tanto com você?

Percebe que existem tantas coisas que você não gosta de ver nos outros, mas não chegam a incomodá-lo realmente, e particularmente essa o incomoda?

Agora, tenha um pouco de coragem e verifique se você também costuma fazer essa coisa, só que não gosta de saber que faz, pois é algo que o seu lado perfeccionista abomina e condena.

De imediato você pode dizer que não. Isso é normal, afinal de contas, você até hoje tenta esconder isso de si para não se reprovar e se punir, como sempre faz nesses casos.

O nome disso é inconscientizar.

Ou seja, tornar inconsciente, jogar para o fundo escuro de nossa percepção.

Em nosso dia a dia, é comum não vermos o que fazemos, pois podemos treinar nossa percepção a ver ou não ver o que queremos.

Nossa consciência é como um farol: só o que é focalizado pode ser visto, o resto fica nos escuros da inconsciência até que voltemos a prestar atenção.

Se eu olho somente para um lado, os demais ficam inconscientes aguardando até que eu direcione o meu olhar para que se tornem conscientes os outros lados.

Com isso, podemos evitar olhar para o que não é de nosso interesse.

Fingimos que algo não existe e depois fingimos que não estamos fingindo.

Assim, tornamos o que é inconveniente totalmente inconsciente.

Quando nossas ilusões não gostam da verdade, costumamos inconscientizá-la.

Você sabe como gostamos de nos iludir, de sonhar, de imaginar a pretexto de sermos positivos ou otimistas, por isso achamos a verdade de cruel e fugimos dela.

Não vemos nem em nós nem nos outros o que não queremos ver e sempre acabamos por pagar um preço muito alto por isso.

Vivemos reprimindo os nossos impulsos indesejados, nossas vontades que o mundo ao nosso redor não aceita, nosso jeito de ser que pode incomodar os outros e despertar críticas.

Você nunca se pegou naquela situação em que está andando na rua e, de repente, uma velhinha que está na sua frente escorrega em qualquer coisa e quase cai? A sua vontade imediata é de rir, mas você se censura e contém o riso de dois jeitos ao mesmo tempo. Primeiro no corpo, retesando os músculos do rosto, bloqueando o fluxo do impulso indesejado; depois, inconscientiza a imagem engraçada da velha escorregando. Quer dizer, para se segurar, você fica tensa, porque não dá para pensar na cena, senão desata a rir. Precisa distrair a cabeça com qualquer outra coisa e se distrai pensando "que coisa triste aconteceu com a velhinha".

Muitas vezes você está assistindo a um filme emocionante e sente vontade de chorar, mas reprime. Como? Aperta o peito, a barriga, aperta tudo e distrai a atenção disfarçando e fazendo o contrário, ou seja, rindo feito bobo. Você não se permite chorar para não se expor, porque está preocupado com o que os outros vão pensar. Então, você se reprime para continuar mantendo a imagem de pessoa maravilhosa. Ainda mais se você for homem, porque homem é forte e não chora por bobagens.

Se você vai viajar e, devido à distância, precisar ir de avião, isso pode ser um problema se tem medo. Como você precisa empreender a viagem, você reprime o medo apertando o diafragma, o corpo todo, bem como a aura, e fica encolhido para não sentir. A aura é o seu campo energético, um campo de força que existe em você, que se exterioriza e que está relacionado com o corpo astral. E o que a aura tem a ver com a repressão? Na repressão, o que primeiramente encolhe não é o corpo físico, apesar de aparentemente dar essa impressão. O corpo físico não sente, não tem sensações. Quem sente é o corpo astral, e é ele que encolhe, por isso diminui o medo, a dor etc. É no corpo astral que circulam as sensações que repercutem no corpo físico. Quando você diz que soltou os músculos, o que de fato você soltou foi o corpo astral, e em seguida o físico acompanha essa postura.

Toda tensão física é decorrente de um fator psicológico que atua no corpo astral, e este no corpo físico. Eu cheguei a essa conclusão quando, um dia, estava deitado na cama e, de repente, saí do corpo físico. Este ficou na cama e eu conseguia tocá-lo; ele estava duro como um pedaço de madeira. Aí, eu vi que o corpo em que eu estava, o astral, era igualzinho ao corpo físico. Eu sentia o meu pé, as minhas mãos, mas apertava as mãos do corpo físico e não sentia nada. O mesmo acontece com a pessoa que desmaia diante de uma situação que ela vê como complicada ou dolorosa. Ela larga o corpo físico para conter o impacto da dor ou da situação.

Acredito que você conhece pessoas que, estando numa situação ruim, fogem dela de muitas maneiras. Por exemplo, se drogando, se alienando, dormindo etc. Elas acreditam que fugindo vão se safar da situação. Só que, quando retornam, está tudo igual. E vai estar mesmo, porque não fizeram nenhum trabalho de modificação.

Então, para não ter sensações e sofrer o impacto da dor, as pessoas se reprimem, se encolhem, e a energia começa a deixar de circular. Junto com o encolhimento, distraem a cabeça de vários modos, porque tudo isso é instintivo e não precisa ser ensinado para ninguém.

Agora você acredita que o material que você recalcou desaparece de você?

Sinto avisar que ele não deixou de existir.

Tudo que você sente e controla são os efeitos, mas a causa fica no inconsciente. Você não quer ver o que recalcou por causa de seus preconceitos e censura-se, por isso prefere achar que desapareceu.

Entretanto, você continua com a mesma atitude que causa tais sensações, e assim continua criando o mesmo efeito, tentando escondê-lo na base do "não vejo, logo, não existe".

Acontece que, para esconder o efeito, você precisa manter certa tensão, porque, se você se solta, vem tudo para fora. E essa tensão vai se acumulando no corpo energético, no corpo astral e passa para o corpo físico. O efeito disso é que ela vai tirando os seus músculos do lugar, vai tornando um corpo bonito num ser desalinhado e cheio de deformidades, como flacidez, celulite, barriga, gordura etc. Isso porque os músculos internos estão sempre tensos e, embora com a musculação externa você disfarce e solte, a interna está presa. E o impacto entre tensão interna e soltura externa provoca deformações. É por esse motivo que existem massagens e tratamentos para trabalhar a musculatura mais profundamente, que se entortou toda devido ao atrito da tensão.

A pessoa pode estar estressada, mas quer manter a pose porque não fica bem mostrar estresse, nem raiva, nem medo. Para tanto, procura manter a postura exterior relaxada, mas a causa continua dentro, provocando problemas mesmo que ela não queira ver.

Sua força consciente de fato controla as funções musculares do corpo e a atenção, mas chega um momento em que esse material recalcado precisa sair por algum lugar.

No nosso sistema bioquímico, sabemos que as partes do corpo falam entre si por meio de um sofisticado e perfeito sistema de substâncias. Essa comunicação funciona de tal sorte que, se machucamos os pés, logo o cérebro é avisado e emite sinais para que o organismo processe os elementos de cicatrização, mas antes produz a dor para que a consciência passe a cuidar do ferimento. O inconsciente emite sinais para o consciente agir, já que este tem o poder de certas funções, como comer, beber, articular os músculos etc.

No caso de atitudes reprimidas, o inconsciente precisa mostrar de alguma forma ao consciente que ele está fazendo algo que prejudica o sistema, mas a consciência escapa e resiste, assim o inconsciente lança esse material em zonas que a consciência não pode dominar.

E é isso que se chama projeção.

A consciência não pode exercer o arbítrio na zona onírica, anímica, em grande parte do corpo ou mesmo ainda na zona externa ou no ambiente; é nelas que as projeções aparecem.

Você controla com seu arbítrio o que não quer ver, mas o inconsciente o força a ver o que você tem de ver.

Se você está se agredindo e não quer ver, poderá sonhar com agressões.

Esse fenômeno é diferente da transferência. E é importante fazer uma distinção entre ambos, porque as pessoas costumam confundi-los. Transferência significa transmitir para os outros a sua versão, a sua verdade, os seus sentimentos, achando que eles são como você. Ou seja, você toma os outros por você. Tudo que é bom para o seu caso você acha que também é para os outros.

Agora, a projeção é involuntária e automática. Negou a consciência de algo que você cria, então tudo isso reaparece de uma forma exagerada e que mexe muito com você.

Você já pode saber: se mexeu muito com você, é projeção. Ou seja, é a vida querendo mostrar-lhe uma coisa que você não quer ver.

E não dá para escapar. Quanto mais você quer fugir, maior fica a projeção, ou seja, maior a coisa projetada vai aparecer na sua frente.

Parece que a vida não perdoa. O que você precisa tomar consciência aparecerá cedo ou tarde.

Na verdade, existem dois tipos de projeção: os seus pontos fracos, que você esconde por ter preconceito contra tais aspectos e que, ao se projetar em alguém, geram em você um ódio incontrolável; e as virtudes, que você acha que não possui, pois tem uma autoimagem negativa e falsa, e, ao se projetar nos outros, experiencia como paixão.

Por exemplo: é projeção adorar ou idolatrar uma pessoa inteligente porque você não se considera inteligente, embora, na verdade, tenha um grande potencial de ser, mas, por causa dos seus preconceitos, você vive se impedindo de usar sua inteligência. Você a vê no outro e sente essa exaltação desmedida.

Se você só admirasse a inteligência de alguém, sentiria uma espécie de respeito por ela e nunca se exaltaria.

Assim, também, o que mais irrita no outro é o que você não quer ver em você. É claro que existem certas coisas de que simplesmente você não gosta. Refiro-me àquelas que dão uma sensação interna de raiva e agitação. Essas realmente são projeções.

Você já notou que há determinadas coisas que ficam muito grandes em sua vida, por mais que você fuja e não preste atenção nelas? Pois é, essas são projeções que estão mostrando o que você faz, mas não aceita e não quer ver.

Para mudar isso, existe a introjeção, que é o oposto da projeção. O fenômeno da introjeção é aceitar ver o que você está negando e localizá-lo em si. No entanto, existe sempre o orgulho, que não o deixa aceitar.

A resistência em ver a verdade existe porque você já se habituou a defender o ponto de vista do seu orgulho. Ele o censura, obrigando-o a ser do jeito que ele idealiza e considerado como o "certo", em que os falsos valores dominam. Usa a condenação e a culpa para forçá-lo a ser ou parecer certinho. Essas culpas e punições que nosso orgulho nos impõe geram o medo de se ver como se é. Afinal, ver-se de verdade passa a não ser conveniente.

No entanto, a verdade permanece a mesma. Você só fica bravo e irritado com as pessoas que fazem exatamente o que você faz consigo.

Não tem jeito de escapar!

Quando você se queixa muito de alguém, está falando de você mesmo, está se confessando.

Queixa é confissão!

Por exemplo: você entra no consultório do terapeuta e começa a falar do marido ou da esposa, e o terapeuta o estimula a falar mais. Por quê? Porque essa fala é uma confissão. A sua atitude é diferente quando você, apesar de considerá-la feia, aceita e faz. Aí, as atitudes dos outros não chamam tanto a sua atenção, não o incomodam.

Entretanto, com relação ao material recalcado, não adianta você dizer que inconscientizou e, por esse motivo, não o vê. Por exemplo: dizer para você mesmo que inconscientizou a irritação e por isso é difícil vê-la, descobri-la, para lidar com ela, é só uma desculpa para você mesmo. Isso porque uma coisa é você dizer que jogou fora uma atitude que já não lhe serve mais, outra é fingir que jogou, censurá-la e deixá-la ativa no inconsciente.

Vejamos agora algumas atitudes dos outros que podem lhe causar irritação ou mesmo raiva se você não se aceita como é. Vou mencionar algumas e quero que você dedique um tempo para refletir a respeito.

Uma pessoa é sarcástica com você e você fica com ódio. Para começar a entender o processo todo, vamos deixar claro o que vem a ser sarcasmo. É quando você fala uma coisa importante para uma pessoa e ela simplesmente ignora, goza ou ri dos seus sentimentos. E você? Como faz isso consigo? Acredito que de muitas formas. Você deve ser sarcástico com você quando se põe de lado, ri dos seus sentimentos, se acha um palhaço, se chama de criança, de burro, de bobo, quando muitas vezes você está até fazendo o seu melhor, está no melhor dos seus sentimentos, e assim se desconsidera. Você acha que fazer isso com você não tem importância, mas, quando o outro faz, você considera afronta.

Outra atitude que pode lhe causar irritação é a mesquinharia. Eu ouço muitas pessoas dizerem que não gostam de gente mesquinha. Eu gosto de perguntar a elas como são mesquinhas consigo e com os outros. Isso porque quando se referem a si mesmas usam um outro adjetivo, ou seja, usam o de cuidadosas e não o de mesquinhas. Alegam que são cuidadosas porque os outros podem abusar delas, aproveitar-se delas.

Na verdade, a mesquinharia é uma coisa muito ampla. A pessoa pode ser mesquinha em algumas coisas, mas isso não significa que ela seja mesquinha em todos os aspectos da vida dela. Por exemplo: uma pessoa pode não ser mesquinha com dinheiro, mas ser com livros. Ela tem um monte de livros que não lê, não usa, deixa tudo trancado, embolorando, mas não empresta para ninguém.

O que realmente importa não é com o que se é mesquinho, mas que a mesquinharia só incomoda na medida em que você tem uma forma qualquer de mesquinharia. E é por isso que a do outro chama a sua atenção e o irrita.

Mesquinha não é só a pessoa que guarda coisas ou que é insegura porque não sabe doar, não tem maturidade para tal. Mesquinha mesmo é aquela que já tem uma certa capacidade de doar e não doa. E somos mesquinhos conosco quando tiramos a nossa oportunidade de doar, de ter prazer em dar.

O ato de dar é algo gostoso, é um prazer, é o prazer do bem. Não é a obrigação de fazer coisas, mas o sentimento de dar, de distribuir, e quanto mais você dá, mais você amplia esse sentimento. Mesquinharia é quando a pessoa não assume a capacidade de dar, de ser generosa no grau que ela já sabe e, ao negar isso, cria problemas para ela. E é claro que tudo isso é relativo, porque há pessoas que estão acostumadas a doar e outras que têm um campo menor de doação. Essas não podem ser encaradas como mesquinhas, porque, de acordo com a capacidade delas, não têm habilidade para tal.

E você? Em que sentido é mesquinho com a sua capacidade de doar?

Como você vai contra essa sua capacidade?

Pode ser que seja com o trabalho, pois em sua ganância em querer ganhar muito acaba por ser mesquinho com seus clientes, ou mesmo com as suas ideias, pois a ganância de ser o dono da verdade o leva a ser mesquinho com as ideias dos outros. De que forma você é mesquinho com você?

Muitas vezes você deixa de fazer o que quer na ambição de manter seu status, não se permitindo errar. Com isso, impede-se de crescer e aprender. Sua mesquinhez é tirar as chances de viver com largueza e profundidade, anulando um sem-número de oportunidades.

Introjete a projeção e comece o trabalho de percepção para mudar.

Há pessoas que ficam profundamente irritadas com delatores, com gente que é dedo-duro. Mas, apesar de não gostarem, fazem a mesma coisa consigo. Por exemplo: a pessoa está saindo de casa e rasga a meia. Como não tem tempo para trocar, vai ao encontro da amiga e já chega dizendo que a meia está rasgada. A amiga nem viu, nem reparou, mas a pessoa vai logo se delatando, que é para que a outra não o faça antes.

Com relação à agressividade e ao autoritarismo, também há muita irritação. Você pode achar que uma pessoa é ruim porque é agressiva e autoritária com você. Mas e você? Não faz o mesmo consigo? Ou seja, é ruim com você quando quer as coisas do seu jeito e, quando não é do seu jeito, fica contrariado porque, no fundo, é arrogante.

Na arrogância, a pessoa não pede, manda. E imagina que a vida e as pessoas têm que ser do jeito que ela imaginou, porque, afinal, ela é maravilhosa e precisa ser atendida nas solicitações que faz. Esse tipo de atitude é de quem quer dominar a vida, quer comandar tudo, porque se julga assessora direta de Deus e sofre de contrariedade crônica. E essa contrariedade nada mais é do que ódio do fato de a vida fluir do seu modo natural dentro de suas próprias leis e não pelo que a pessoa imagina que são essas leis. Ela não quer se dar ao trabalho de estudar a vida e acha que o que pensa ou aprendeu a pensar é o certo só porque "Ela" pensa.

Quando você quer forçar e empurrar a vida, ela não coopera.

Não ocorre o mesmo com você? Se alguém o empurra, você logo perde a vontade de cooperar.

Um grande número de pessoas pensa que Deus é controlador, mas isso não é verdadeiro.

E a vida, que é Deus, é assim: ninguém a domina nem põe rédeas. Cada um de nós, a seu tempo, mais cedo ou mais tarde vai entender isso com bastante clareza.

Acredito que um dia todos nós vamos ter condições de participar com mais lucidez da vida. E isso ocorrerá quando o nosso conhecimento acerca das leis que regem a vida for maior.

Por enquanto, o que precisamos é aprender a seguir o fluxo da vida, acompanhá-la. Aí, sim, ela se torna generosa conosco. E, ao fazer isso, as coisas deixam de contrariá-lo, de emperrar-se, e você deixa de se torturar com isso. No momento em que você aceita o fluxo da vida como é e procura estudá-lo, observá-lo, lidando com ele sem brigas, sem revolta, a vida fica do seu lado e vai fazer tudo para que você aumente seu conhecimento sobre ela. Ocorre o contrário quando você quer dominar arrogantemente a vida. Esta o contraria não para chateá-lo, mas porque as leis dela estão funcionando pela sua lei, que é a da contrariedade. Ou seja, você quer seguir na contradireção das coisas.

É arrogância querer que a vida funcione como você imaginou e não procurar cautelosamente a verdade. Por exemplo: o dia está chuvoso, você precisa sair para trabalhar e reclama por ter de enfrentar a chuva. Parece que Deus precisava consultar você para saber se podia ou não chover. Isso porque você imaginou um dia totalmente ensolarado, e Ele o contrariou. De um modo geral, essa é uma atitude típica do brasileiro, que fica contrariado porque as coisas não estão do jeito que ele queria. Ele imaginou que o destino do país deveria ser de um jeito e é de outro, que ele não quer.

No fluir da vida, há tantas forças e razões envolvidas para que ela flua desta ou daquela maneira, assim como há tantos aspectos do seu mecanismo e da sua evolução, que a nossa imaginação é ainda muito pequena para entender tudo. E, por ser pequena, o julgamento que fazemos da vida é sempre falso, fantasioso, um delírio. É o mesmo que considerar a vida como um grande sonho de amor.

Por falar em sonho de amor, não tem, na vida, coisa mais boba do que isso, do que essa história de príncipe e princesa encantados. E há muitas pessoas que vivem uma vida inteira correndo atrás desse sonho, dessa fantasia. Existe o sonho daquele homem maravilhoso com quem, na imaginação, as mulheres sonhadoras já dormiram um monte de vezes. Aquele meio herói, meio santo, meio "Ricardão", ou seja, aquele sem-vergonha que é um arraso na cama. Ou o sonho com aquela mulher com peitos lindos, um belo bumbum, um corpo escultural, que é meio mãe, meio puta. Porque tanto os homens quanto as mulheres fazem uma coletânea na imaginação e querem uma mãe ou um pai para terem carinho e proteção e uma puta ou um "Ricardão" para terem a sensualidade.

Agora, pare um pouco a leitura e dedique-se a refletir sobre como são os seus sonhos. Como são as virtudes da pessoa que aparece nos seus sonhos? Quais as características dela? Se você observar bem, vai perceber que essas características são as que você nega e aparecem projetadas no sonho de amor.

Todo sonho e toda fantasia são projeções do que você pode fazer e não faz para você, e também do que você tem e não vê porque se censura, e com eles se impede de ter liberdade de satisfação, ou seja, de se curtir. Você tem dentro de si amor, carinho, proteção, força, coragem, sensualidade etc., mas acha que não tem. E fica sonhando e fantasiando com aquele tipo de pessoa que vai lhe trazer todas essas sensações incríveis.

As fantasias com relação à pessoa ideal, que vai preencher o que você acha que não tem, começam na adolescência e seguem pela vida afora. A escolha da pessoa com quem você quer se casar é geralmente baseada nessas fantasias. As pessoas não casam para compartilhar, mas para preencher o que acham que está lhes faltando. Isso mostra que as pessoas se casam com as projeções delas ou com a esperança de que o outro preencha essas faltas. E, ao se casarem com essa noção fantasiosa, casam-se com duas pessoas, sendo que uma é a real e a outra é o produto da fantasia.

O casamento da maioria das pessoas nada mais é do que mútuas projeções de você no outro e deste em você que ambos não têm. O fato de não ter diz respeito a você não se dar, pois quem não se aceita ou não se ama procura alguém para fazê-lo por si. Muitas vezes, você até percebe que a pessoa escolhida não tem nada em comum com você, mas você teima, insiste, enfia na cabeça que tem que ser ela porque está apaixonado. E isso acontece tanto com homens como com mulheres.

Então, no casamento, um vê no outro a oportunidade de ter tudo que não está se dando em nível individual. E por algum tempo isso funciona bem, mas, de repente, começam a perceber que não se encaixam e iniciam o famoso bate-boca das cobranças. Um diz para o outro: “Você não me ama mais" ou "Você não faz nada para mim" ou "Você está indiferente" ou "Você não me compreende mais" etc. E vão cobrar um do outro exatamente o que não está de acordo com o modelo que idealizaram.

Uma coisa interessante para se observar com relação ao modelo ideal é que ele não deixa você ver que a pessoa com quem se casou é alguém interessante e até legal mesmo. Você se magoa profundamente porque ela não é seu modelo e, com isso, passa o resto da vida torturando tanto você como ela para que isso seja modificado. E junto com a mágoa, faz aquele dramalhão dizendo que sofre com ela ou que o amor acabou. Mas acabou coisa nenhuma, porque nunca existiu. Você se casou mesmo para preencher as suas carências, as suas necessidades, porque nunca se curtiu e nunca se realizou por ter muito orgulho, muita pose e muita besteira na cabeça.

Mas o engraçado disso tudo é que a pessoa com quem você se casou vai fazer a mesma coisa que você faz consigo. Isso porque ela chega perto de você, percebe as suas vibrações e o trata como você se trata. A vida é mesmo louca, pois você se casa para que a pessoa preencha o que lhe falta, e há faltas porque você não assume suas necessidades e se abandona, porque considera isso egoísmo. E aí a pessoa faz a mesma coisa e a abandona, tratando-a com indiferença. Por exemplo: se você é indiferente com você e não se dá crédito, ela também não dará.

A vida o trata como você se trata, assim como os outros vão tratar você da forma como você se trata. E quando menciono os outros, não me refiro só aos que o rodeiam, como marido, esposa, pai, mãe, filhos, mas todos com quem você convive. Por exemplo: você entra numa loja para comprar uma roupa e o vendedor não lhe dá muita atenção. Você pode dizer que ele é grosseiro, que não quer trabalhar, que não está se empenhando no que faz etc. Podendo ter tudo isso, como é que, ao entrar uma outra pessoa na loja, ele a trata bem? Logo, isso leva a concluir que é você que não está se dando a atenção que já pode e tem condições de se dar.

Com essa nova visão, quebramos um grande tabu: quando tratamos os outros bem, eles devem nos tratar bem. Quebrar esse tabu é muito importante, porque é por causa dele que sofremos com o que os outros nos fazem, porque temos a ideia de que fizemos tudo pelo outro e ele não pode nos decepcionar. E alimentamos essa ideia porque fazemos tipo para os outros, esperando que venham nos amparar, mas ninguém ampara ninguém. O mundo, assim como as pessoas, reflete a energia que você exala. Por exemplo: uma mulher fica chorosa porque quer receber agrado do marido e este, em vez de se comover com o choro, chega para ela e diz: "Quando você chora, tenho vontade de dar-lhe uns tapas". Perceba que, como ela se destrata e não se dá atenção, ele entra na projeção dela e faz o mesmo. Em vez de agradar, fica com vontade de esmurrá-la.

É claro que, em contrapartida, há aquelas pessoas que não deixam que ninguém abuse da confiança delas. E não é por elas serem loucas ou ficarem ameaçando os outros para que isso aconteça. Simplesmente, o que ocorre é que elas estão seguras e exalam uma energia de firmeza, de confiança em si mesmas, de que assumiram suas necessidades e se preencheram com seus próprios recursos. A energia que exalamos é a que chamamos de apreciação ou depreciação.

Como as pessoas normalmente se casam com suas respectivas projeções, chega um dia em que descobrem que não têm nada em comum com o cônjuge. Começam a perceber o quanto é cansativo ficar cobrando dele atitudes que não pode cumprir, não porque não quer, mas porque nunca vai se encaixar no modelo idealizado, por mais que se esforce. É desolador sentirmos que o parceiro não nos preenche e, ao mesmo tempo, sermos também abandonados por nós mesmos. Muitas vezes, um dos cônjuges faz ao outro mil promessas de mudança e, embora seja bem-intencionado, a relação continua não dando certo. Isso porque o processo de mudança não vai para onde as pessoas estipulam que ele deva ir.

O mesmo acontece com você. Por exemplo: num determinado período da sua vida, você quer ser paciente e se força a ter essa postura. Mas a sua essência não quer aprender isso, quer outras coisas, como ter mais coragem na vida, curtir um filho etc. E por isso não adianta se forçar a ter paciência ou insistir que precisa aprender isso ou aquilo, que a coisa não deslancha. Você tem uma sequência de aprendizado, e a sua ilusão, o seu orgulho não o deixam enxergar que a natureza em você está madura para outra coisa. Isso seria o mesmo que pretender que primeiro a criança fale e depois ande. E é claro que, não querendo ver o que a essência quer, você reprime e, quanto mais reprime, mais há projeção, carência, sonho, ilusão e, de novo, mais repressão. Vira um círculo vicioso e não resolve a questão, porque, quanto mais você se censura, maior é a repressão.

Para entender o que a essência necessita, você precisa prestar atenção em si, valorizar-se. Responda para você:

— O que quer agora?

— Neste momento você está maduro para o quê?

É importante que você compreenda que a sua falta de autoconsideração leva os outros a não considerarem você. A consideração das pessoas começa quando você se considera. E um bom exemplo da falta de autoconsideração é o sonho de amor. Em primeiro lugar, porque você idealiza que o outro vai satisfazer todas as suas necessidades e, com isso, o sonho de amor, repleto de expectativas de como o outro tem que ser, torna-se um concorrente do seu casamento.

Com esse sonho como pano de fundo de uma relação, você nunca consegue gostar da pessoa com quem está. Nem consegue vê-la e apreciá-la como ela é, porque está sempre com o ideal na cabeça e com a esperança de encaixar o outro nesse ideal. Está sempre comparando o que você tem com o seu ideal e, com isso, está sempre perdendo, considerando-se lesado e culpando o outro por todas essas coisas. A consequência disso é que você nunca está inteiro na relação. Como o outro não se encaixa no modelo — porque dificilmente vai se encaixar —, você fica magoado, se fecha, se reprime, perde o prazer físico e afetivo e daí começa a morrer o relacionamento. Tudo por causa do sonho de amor.

A situação torna-se completamente diferente se você é uma pessoa que se preenche, se considera e introjeta essa consideração. Porque aí você livra o outro de fazer essa tarefa por você. Quando você se autoconsidera, percebe as suas reais condições e as do outro e vive melhor com ele, porque há amizade entre vocês.

Em sua maioria, as pessoas não conseguem ter amizade conjugal devido a tanta idealização. Ao libertar o outro de ser o seu ideal, você vai vê-lo sem a máscara que pôs nele. E com essa postura você começa a perceber que o outro é humano, que tem pontos atrativos e, com certeza, vai encontrar uma nova forma de relacionar-se sem o entrave do ideal. Pode ser que você perceba que o outro é tão diferente que não tem a menor possibilidade de continuarem juntos. Mas, na maioria das vezes, o que acontece é o contrário. Ou seja, quando você tira a máscara, o amor aparece. Para permitir que isso ocorra, é só questionar o que você mais odeia no seu cônjuge. Agora, permita-se perceber que é você que é assim.

Olhe-se no espelho, converse com você e pare de encher a paciência do outro.

Na relação com os pais acontece a mesma coisa que na relação com o cônjuge. Há também muita projeção. Você não aceita o relacionamento deles com você porque quer uma coisa diferente, ideal. E, com isso, atrai um filho que é igualzinho ao seu pai ou à sua mãe e que o trata como ele ou ela o tratava. Dá para desconfiar que existe por trás disso uma mensagem da vida. A mensagem é que você vai ter do mundo o que você se dá e cultiva: tanto coisas boas como ruins. E não adianta fazer gracinha para os outros, ser bom, sacrificar-se, mostrar todo o seu amor para que eles sejam bons com você, porque isso é uma grande ilusão. Isso tudo nada significa se você não se der respeito, dignidade, amor, confiança etc. Lembre-se: as pessoas vão tratá-lo como você se trata.

Agora, se dê alguns momentos para refletir sobre suas projeções. Quais as coisas que os outros fazem que lhe causam irritação? Por exemplo: você fica irritado com o filho quando ele fala mais alto do que você? E você, como grita consigo? Há várias maneiras de você gritar com você, como se chamando de burra, de idiota, se diminuindo, se achando pouco inteligente etc.

Ou será que é a teimosia do filho que a irrita? Pois é, o filho é igual a você, ou seja, quando empaca, não há o que o faça mudar. Percebe como tudo é projeção?

Também é projeção uma mãe dizer que o filho não pode passar pelo que ela passou. Isso porque ela acha que o filho tem as mesmas necessidades que ela provavelmente ainda tem. E geralmente ela superprotege o filho porque não protege a si mesma. Acha que o filho é um coitado, que não tem capacidade, e ela precisa ficar em cima dele em tudo, quando, na verdade, é ela que é coitada. Ela fica o tempo todo dizendo: "Põe a blusa que está frio" ou "Come, porque senão você fica fraco" etc. Ou então é aquela mãe que quer que o filho seja igual a ela até nas coisas que ela não fez. Por exemplo: se ela não estudou, quer que o filho estude, e enche a paciência dele para que ela se realize. Joga nele as expectativas que são dela. E atrai para si um filho vagabundo, igual a ela, que também não quis estudar. Já as mães que estudaram não enchem tanto a paciência dos filhos nesse aspecto.

O material que você recalcou faz com que você atraia para sua vida espíritos que representam coisas que você rejeitou. O filho problemático não é inimigo de vidas passadas. Ele reencarna na sua família para que você perceba o que não quis ver em você. Obviamente você também atrai para filhos outros espíritos que não são tão problemáticos, mas tem aquele que é a sua projeção e que é com quem você mais encrenca.

Mas a projeção não é só de coisas ruins, de coisas negativas que não queremos ver em nós. Há também muita coisa boa em nós, muitas virtudes que recalcamos, que não vemos devido a uma falsa modéstia e uma autoimagem negativa que aparecem projetadas nos outros. Na linguagem popular, chamamos essas virtudes de paixão.

Infelizmente, a paixão é uma doença muito confundida com amor. Afirmo que é uma doença porque ela faz mal antes, durante e depois. E você sabe a que me refiro, porque já deve ter experimentado uma. Todo mundo já a experimentou, mesmo porque existem vários tipos de paixão. Ela acontece em qualquer idade, com ou sem sexo, embora seja muito comum a paixão com conotação sexual, isso porque a repressão do prazer é muito grande. E prazer é uma de nossas virtudes, uma das coisas boas que temos e reprimimos. A pessoa apaixonada vê a sexualidade dela escondida no outro, tem um desejo absurdo e este mexe tanto com ela que perde a voz, treme, delira, fica mole, tonta. E não acredita quando o desejado diz que não gosta dela, que não quer nada com ela.

Há também as paixões por grandes nomes dentro da área profissional, ou por ídolos de cinema, de televisão, por cantores, ou mesmo ídolos religiosos, como Gandhi, Buda, Jesus Cristo etc., enfim, todo tipo de paixão, na medida em que se projetam nesses ídolos virtudes que não vê em você. Por exemplo: você se apaixona por um ídolo de cinema e o idolatra. E quem é o ídolo? É alguém que faz coisas que você gostaria de fazer e não faz, que mostra uma ousadia que você não aceita em si e que fala coisas que você tem vergonha de falar. E se ele projeta virtudes ou coisas que você tem mas não assume, ele será um excelente espelho de projeção. Tem gente que fica tão fanática pelo ídolo que vive em torno dele e se judia.

Contudo, isso não significa que você não possa admirar pessoas que se destaquem em várias atividades. Mas existe uma grande diferença entre estar apaixonado por um ídolo e admirá-lo. Na admiração, você vê que a pessoa tem uma qualidade que você ainda não tem, mas você é consciente de que pode tê-la. Por exemplo: você joga tênis e, por gostar desse esporte, admira a capacidade técnica de um tenista famoso, mas tem consciência de que pode chegar lá se esse for seu objetivo. Na paixão, isso não ocorre. Nela existe um recalque da sua capacidade, uma negação dela, ou seja, você tem capacidade para fazer algo, mas recalca.

Você pode até achar que na vida é preciso ter paixão, que é ela que dá ânimo para tudo o que você faz, porque é um estado interior que lhe dá força. Pode também pensar que as paixões dão sabor à vida. Mas os estados de paixão e de ânimo da alma são duas coisas completamente diferentes. O estado de paixão é de desequilíbrio, desassossego, gera um desconforto físico, o coração bate mais acelerado; já o de ânimo é o estado da alma, é calmo, porém ativo dentro do coração, gera uma sensação de bem-estar.

Agora, procure se lembrar do seu período de apaixonado. Talvez aquele na época da adolescência, quando a paixão é mais forte. Provavelmente, você se recorda de como parecia difícil viver sem a pessoa. Depois de alguns anos, você vê a pessoa por quem dizia morrer de paixão e diz: "Meu Deus! Mas ela não tem nada a ver comigo!" E nunca teve mesmo, nem tinha no período da paixão. Isso porque não era a pessoa que você via, mas o que você projetava nela. Quer dizer, você se via nela porque ela tinha uma virtude que você não via em si. A pessoa lhe parecia atraente, mas era pura neura, porque você, de fato, não a queria. O que queria era o que estava vendo nela.

Quando você sabe usar a introjeção, é fácil sair da paixão, embora seja mais fácil usar a introjeção de outras áreas recalcadas além da paixão. Nesta, a pessoa dificilmente acredita que é projeção e quer levar a coisa até o fim. A paixão tem ciclos. Ela põe a pessoa no chão, gasta as energias dela, que sofre e se narcotiza dizendo que ama.

O amor é bem diferente desse narcótico chamado paixão, embora nas canções e no vocabulário popular há uma grande confusão entre ambos. Nos livros, filmes, nas letras de música, costumam chamar de amor o que é só paixão. O amor é calmo, não desequilibra nem aprisiona; ao contrário, liberta. Ele é uma troca, uma coisa gostosa, solta, espaçosa. Já a paixão é uma prisão dolorosa. Nela você quer a pessoa para si de qualquer forma, quer prender a pessoa, quer seduzi-la.

Uma outra coisa muito comentada e discutida e que também é projeção é o ciúme. O ciumento tem o hábito de dizer que o outro faz, ou quer fazer, o que ele mesmo se censura. No ciúme, há muito moralismo e muita censura da sensualidade.

E, quando há essa censura, significa que há uma distorção na maneira de se ver a própria sensualidade. Por exemplo: tem gente ciumenta que trai o outro e acha que este está querendo trair também. Esse tipo de pessoa é a que se condena e não aceita o fato de ser ciumenta.

Quando você se casa com um ciumento, você sempre acaba casando com dois. Isso porque o ciumento se casa com você e com o outro que ele pressupõe que você é. Com o ciumento, dormem três na mesma cama, porque ele vai competir com o outro imaginário a vida inteira. Agora, se você também é ciumento, em vez de três, dormem quatro na cama.

Para a mente social, ciúme é sinônimo de amor. O conceito popular diz que, quando você ama alguém, você precisa sentir e demonstrar ciúme. Parece que o tamanho do amor é medido pelo tamanho do ciúme. Acontece que o ciumento torna a vida do outro um martírio, um inferno. Por exemplo: você pode achar que a mulher que se casou com um marido ciumento que a vigia o tempo todo, que controla cada passo dela, é uma coitada. Mas como você já aprendeu que na vida não existem vítimas, o martirizado se permite martirizar com o ciúme por algum motivo. Então, ela arrumou esse tipo de marido porque é carente de atenção. Ele é uma sarna, mas acontece que essa atitude, para ela, significa atenção. É o mesmo que não tirar os olhos de cima dela. E ela diz: "Como ele me quer! Como gosta de mim! Como não para de me olhar!" Só que ele nem vê a esposa na frente dele. O que ele vê são as fantasias que ele projeta nela, e ela interpreta isso como atenção. Por sua vez, ela também nunca viu realmente o marido, e a única coisa que vê são os olhos dele olhando para ela. Na verdade, ambos nunca se sentiram nem estiveram juntos. É como se eles dissessem: "Estou com você, mas só estou olhando o que eu imagino em você, e você olha para mim e só vê o que imagina em mim". Enfim, é uma projeção dupla.

Essa esposa representa a pessoa carente de atenção, a que não dá atenção para si mesma e acaba escolhendo um marido ciumento. E, embora sofra com o ciúme do outro, não larga dele de jeito nenhum. Pode ter a liberdade cerceada pelo controle do outro, pode apanhar, pode ser humilhada, mas não larga. E o marido também não larga. Agora, um dia, tudo isso pode acabar, ou talvez não acabe nunca. Porque uma coisa que se percebe nessa relação é que, quanto maior a carência dela, mais ele gosta de fazer o ciumento, de tanto que ela provoca. É engraçado observar que os homens ciumentos sempre se casam com mulheres exuberantes, e as mulheres ciumentas sempre escolhem os bonitões. Atrás dessa escolha, o que existe de fato é a fantasia com relação à sensualidade que não assumem e reprimem.

E, para você, como é a questão do ciúme? Quantas vezes você provocou ciúme para querer atenção porque estava carente e não se deu atenção? Lembra daquela semana em que você queria sumir do corpo, não queria se ver e, então, foi fazer ciúme para o outro para que ele ficasse com os olhos em cima de você? Pois é, nós ainda agimos desse modo porque não nos damos atenção. Só que todas essas encenações não têm nada a ver com amor. Elas são só combinações neuróticas. Ou seja, as pessoas se encontram, casam as neuroses e isso pode dar certo por um tempo ou a vida inteira.

E o que é o inverso do ciumento? É não ter ciúme, e esse comportamento é sadio, normal, sem neura. Quando uma pessoa se aceita plenamente, ela não tem ciúme.

Uma coisa que eu observo é que há muitas pessoas que fazem de tudo para agradar a quem dizem amar. Elas fazem mil encenações, só que essas não são para o amado, mas para si mesmas, porque estão carentes. E pessoas desse tipo não querem o outro, elas só usam o outro. Os casais dificilmente admitem que estão juntos porque é útil para eles. Só que isso é verdadeiro, porque temos as nossas carências interiores que não estão resolvidas e, por isso, procuramos nos refazer com os outros.

Quando você é carente, a carência motiva a buscar no outro o que você não tem, mas isso não quer dizer que você é uma pessoa ruim. Quer dizer que você não está se aceitando e procura alguém que o aceite e valorize. Esse foi o jeito que você encontrou para resolver o seu problema, e não está errado. E o amor pode até existir paralelo a isso, ou nem existir. Mas o que existe mesmo é que você está se preenchendo, se somando, se ajudando, se compensando, porque, por enquanto, não sabe fazer melhor. E ainda durante um tempo você permanecerá desse jeito, e está tudo certo, sem erro, porque é assim que você sabe ser melhor. Em suma, é uma união no seu nível, é um toma lá dá cá.

O amor é um sentimento bem diferente disso tudo. Amor não depende de estar junto, não é apego, nem chiclete, nem cola. Amar é estar ombro a ombro, lado a lado, e não grudado um no outro. Você não usa a fonte do outro para preencher sua carência. O sentimento de amor existe independentemente da distância, porque não há necessidade de receber. Por exemplo: a pessoa sente que há amor por outra quando faz um tempão que não vê um amigo e, quando se encontram, parece que se viram ontem. Amar é dar, e não usar. No amor, a necessidade é dar, e não receber. A pessoa tem necessidade de amar, e não de ser amada. E, na maioria das vezes, as pessoas fazem o inverso, ou seja, se apoiam umas nas outras e se nutrem uma da outra.

Amar é a disposição de dar. E vivemos mais no apego e na dependência do que nessa disposição. Amor não se impõe só porque você é pai, mãe, filho, marido etc. Ao contrário, quando impõe, a relação piora. Os pais dizem que amam os filhos, só que nem sempre isso é verdadeiro. Tem filhos que os pais não suportam, mas não têm coragem de confessar isso nem a si mesmos. Eles suportam o filho porque têm que amar e aceitar por serem pais, por serem cristãos e porque esse é o papel que a sociedade espera deles. Assim como tem filho que não suporta os pais e faz força para manter um certo equilíbrio na relação. Mas, definitivamente, amor não é imposição nem apego. E de apego o mundo está cheio: é de pai com filho; de filho com mãe; de esposa com marido etc.

O amor é um estado de liberdade e nem todo mundo já tem essa capacidade facilmente. Porque, perceba o seguinte: quando as carências são muito fortes, você está agarrado, apegado nas pessoas, está puxando coisas delas e, nessa postura, não tem espaço para dar. É claro que você faz coisas para os outros, não é que não faça nada e só queira receber, mas faz por obrigação, para receber, e não por amor, e você sabe disso. Diferente de quando você faz uma coisa para o outro sem pensar no efeito, só pela curtição de fazer.

Entretanto, o que normalmente ocorre é que fazemos algo para o outro e já ficamos esperando a resposta e, se o outro não faz, nos ofendemos. Por exemplo: você dá um presente para uma pessoa e espera que ela fique feliz, e como ela não fica tanto quanto você esperava, você se decepciona. E por quê? Porque só ficaria feliz com a felicidade dela e isso é projeção, ou seja, você precisa fazê-la feliz para também ficar feliz. O que torna claro que isso não é amor, porque, quando é, você faz por vontade, por prazer, e não tem cobrança.

No amor só há prazer em dar, ele é solto, leve, não tem expectativa e, principalmente, não tem condição. Quando existe amor, não existe a condição de "só amo se". Condição é uma necessidade, quer dizer, a pessoa só ama se for do jeito que ela quer, só ama se a pessoa for dela. Ela põe uma cerca. E quem ama não prende, solta.

Com tanta exigência e cobrança que fazemos aos outros, nós os reprimimos na afetividade, na sensualidade e vivemos afastados do nosso verdadeiro amor. Ao negar, acabamos por torturar a pessoa amada e a nós. Por isso é que surge a projeção como uma coisa natural, para que enxerguemos o que reprimimos em nós. E quanto mais nós nos aceitamos como somos e a natureza como ela é, mais as projeções vão cedendo. Com isso, vamos conseguindo ter relacionamentos menos projetivos, menos dependentes e mais reais e independentes.

Reflita sobre o seguinte: como é que pode estar bem com alguém se você se esconde, não se aceita e só mostra suas virtudes para agradar o outro? E se esse alguém fizer o mesmo que você? Quando é que vocês vão realmente se encontrar, se ambos estão escondidos? Percebe como a relação fica confusa? Agora, é diferente se você se percebe individualmente e também um percebe o outro na relação. Porque aí é que, de fato, vocês se encontram e há amor.

Intimidade é uma das mais belas conquistas do ser humano, pois com ela somos capazes de ser inteiros com alguém e de viver um encontro verdadeiro de almas.

Todo mundo pode amar todo mundo. A distância a que nós estamos de um amor mais amplo pelas pessoas existe porque não estamos nem conseguindo nos aceitar como somos. Nós classificamos as coisas, colocamos rótulos do que pode e não pode ser, do que gostar ou não, do que é certo e do que é errado. Acontece que a natureza não tem essas classificações e continuará se manifestando no homem do jeito que ela é. E quando não aceitamos a natureza e suas variações, somos cegos para conosco, para com os outros e para com as coisas de um modo geral.

A união com os outros é para preencher nossas necessidades. Nós nos unimos porque nos narcotizamos com o fascínio alheio, mas os outros nunca vão preencher nossas carências. E com isso acabamos sempre na solidão. A maioria das pessoas sofre de solidão e tristeza crônica disfarçada, mesmo porque ninguém vai ficar contando tristezas, chorando e se lamuriando o tempo todo. Se você nunca se permitiu olhar a solidão, faça isso agora. Entre em contato com você indo no fundo do seu coração. Você sentirá aquela coisa triste e abandonada que é a solidão. Mesmo que você tenha ao seu lado uma pessoa significativa. E por quê? Porque solidão é falta de si.

Solidão é a distância a que você está de si mesmo. E quanto maior for a distância, maior a solidão, o vácuo, o vazio de não estar dentro de você. Bem como maior é a necessidade de preencher esse vazio. Um vazio que, na verdade, foi feito só por você mesmo. Quando você quer que o outro preencha, ou seja, faça um serviço que é seu, a necessidade aumenta. Isso porque o outro nunca vai preencher uma necessidade que é somente sua e, em decorrência disso, vem a desilusão.

É realmente triste perceber que nós ainda não sabemos nos preencher e que toda a nossa educação está voltada para arrumarmos alguém. Para a família e para a sociedade, é considerado ruim a pessoa estar sozinha, e acham que ela precisa ter alguém. É a pressão do social. Mas a solidão é um fenômeno interior e não depende do número de pessoas ao redor.

Isso significa que você pode ter amor por muitas pessoas, pode amar o marido, o filho, o amigo etc., mas o amor que você tem por eles é seu e não deles. Ou seja, é você que sente o amor, e não eles; é você que experimenta as sensações desse sentimento dentro de você. O mesmo ocorre quando uma pessoa compreende você profundamente, pois é ela que desfruta dessa compreensão. E você não tem nada a ver com isso, ou seja, você não pode desfrutar de algo que não é seu. Se várias pessoas amam você, o amor é delas. São elas que estão desfrutando do sentimento, e não você. E isso pode acontecer, pois a vida quer que você perceba que é passível de ser amada e aprenda a amar. A vida nos ensina pelo bem. Agora, se você ama alguém e deixa o sentimento tomar conta de você, então você tem alguma coisa. Quanto mais você entende isso, mais amor e menos apego vai existir dentro de si.

Para aprender a se amar, é preciso deixar de ter ódio de si. Como você pode se amar se vive reprovando-se, reprimindo-se, diminuindo-se? Apesar de o ódio ser destrutivo, nem sempre ele é negativo. Nós o utilizamos quando queremos mudar algo. Na mudança, muitas vezes é preciso primeiro destruir para depois construir. Por exemplo: para ter uma boa digestão, é preciso primeiro triturar, mastigar bem os alimentos, para depois engoli-los.

O ódio é uma energia de ação, uma força tão poderosa quanto o amor e, assim, tudo que há na vida pode ser bem ou mal usado. O uso dele depende unicamente de você. Por exemplo: se você o está usando para não se sentir, para se fechar, se reprimir, se segurar, se empurrar para trás, se recalcar, vai criar uma série de distúrbios, assim como ocorre com toda virtude mal usada. Agora, se você usa essa força para empurrar os outros para fora de você, ou empurrar para fora de você os padrões que o inferiorizam, aí ela é proveitosa e bem-intencionada.

Quando usado positivamente, o ódio é coragem, é firmeza, e exatamente por causa disso ninguém vive sem ele. Por exemplo: é essa força que você usa para dizer um não quando precisa estabelecer o seu espaço; como também é ela que você usa quando precisa encarar uma pessoa ou um assunto difícil. E não adianta pedir força, coragem para Deus, porque ela não está fora, mas dentro de você. Por esse motivo, em vez de criticar ou julgar essa força, procure entender mais sobre a natureza dela. Conhecer mais sobre ela não impede que você continue atento e tenha cuidado com o uso nocivo dela.

Normalmente, o que as pessoas fazem é recalcar essa força com medo de serem mal interpretadas. Elas recalcam a agressividade porque têm medo da opinião dos outros. E todo medo nada mais é que projeção da coragem recalcada. Usar a força chamada ódio de uma forma positiva é usá-la para levá-lo para a frente na vida, para estabelecer o seu espaço e para tomar determinadas decisões, ao passo que usá-la negativamente gera doença e destrói você aos poucos.

Todos nós temos essa força dentro de nós, porque a natureza não falhou com ninguém. São poderes e forças que todos nós temos, e na natureza humana nada está errado, porque tudo que existe tem uma função. É por isso que, quando uma pessoa diz que não tem essa força, ela está mentindo. Experimente ir contra ela, reprimindo-a de alguma forma, e logo verá como a força aparece. Você pode não querer ver a sua força porque, em vez de empurrar o ódio para fora, você se empurra para trás, querendo deixar os outros na frente. E isso é fruto de um falso moralismo cristão que diz que você precisa ser maravilhoso com os outros, fazer tudo pelos outros e ficar no fim da fila. Com essa moral hipócrita, repressora, você se deprime e vira a raiva contra si. E tudo que você reprimir aparecerá projetado para ser trabalhado.

Nós sempre fomos educados para parecermos bons e, para mim, essa moral repressora não serve mais. A educação é uma transformação interior que leva tempo porque é aquela verdadeira habilidade de usar o seu potencial, e não uma coisa falsa, sem um processo de experimentação, de crescimento. Eu não quero mais parecer bonzinho. Eu, você e os outros somos bonzinhos o tanto que podemos ser e só.

Para finalizar, é importante pensar no tipo de pessoa que você atrai para a sua vida. Como também o que essas pessoas fazem para você. Dê uma chance de refletir a respeito, tendo bem claro o seguinte: se você não se valoriza, os outros não vão valorizá-lo; se você se fizer de coitadinho, os outros não vão prestar atenção em você; se você não se respeitar, ninguém vai respeitá-lo. Agora, se você se agrada, se valoriza, se dá atenção, as pessoas fazem o mesmo e o admiram não importa o que você fizer. Os semelhantes se atraem.

Você é o centro da sua vida. Ela flui com você no comando. A vida está sempre criando situações afins daquelas que você cria. E não é egoísmo ser bom consigo, porque o fato de você se querer bem e se olhar com consideração não significa que não queira bem aos outros.

Comece a trabalhar por você, lembrando que as pessoas, o mundo e a vida são espelhos do seu mundo interior.

CONHEÇA OS GRANDES SUCESSOS DE

GASPARETTO

E MUDE SUA MANEIRA DE PENSAR!

Atitude
Afirme e faça acontecer
Conserto para uma alma só
Cure sua mente agora!
Faça da certo
Gasparetto responde!
O corpo – Seu bicho inteligente
Para viver sem sofrer
Prosperidade profissional
Revelação da Luz e das Sombras
Se ligue em você
Segredos da prosperidade

COLEÇÃO METAFÍSICA DA SAÚDE

Volume 1 – Sistemas respiratório e digestivo
Volume 2 – Sistemas circulatório, urinário e reprodutor
Volume 3 – Sistemas endócrino e muscular
Volume 4 – Sistema nervoso
Volume 5 – Sistemas ósseo e articular

COLEÇÃO CALUNGA

Calunga – Um dedinho de prosa
Calunga – Tudo pelo melhor
Calunga – Fique com a luz...
Calunga – Verdades do espírito
Calunga – O melhor da vida
Calunga revela as leis da vida
Calunga fazendo acontecer

LIVROS INFANTIS

A vaidade da Lolita
Se ligue em você 1
Se ligue em você 2
Se ligue em você 3

Saiba mais: www.gasparetto.com.br